Susanne & Thorsten Dambeck

Welcher STERN ist das?

STERNBILDER UND PLANETEN ENTDECKEN

KOSMOS

Impressum

Mit Illustrationen von: Wolfgang Lang (4): S. 10, 12, 38, 94 u.r.; Gunther Schulz, Fußgönheim (34): S. 8, 9, 11, 12, 13, 14, 15, 16, 17, 18, 20, 21, 22, 23, 24, 26, 27, 28, 29, 30, 31, 32, 33, 34, 35, 36, 37, 95 o., 96–97, 98–99; Sigrid Walter (1): 6 m.; Gerhard Weiland, Köln (6): U2–S. 1 (Sternkarte), 11 o.r., 40 u.r., 43 u., 45 o., 51

Mit Farbfotos von:
350z33/en.wikipedia: S. 92; Ansiaume/Wikipedia: S. 23 m.r.; ARC/SDSS: S. 29 u.; Stefan Binnewies, Much: S. 10 u.l.; Thomas Bresson, CC BY-SA 2.0: S. 66 o.; Thorsten Dambeck: S. 30 o.r., 95 u.r., 102, 105, 106, 107; Deiries/ESO: S. 65; m.Dufek, CC BY-SA 3.0: S. 62 u.; Andrea Dupree (Harvard-Smithsonian CfA), Ronald Gilliland (STScI), NASA, ESA: S. 19 r.; Jessie Eastland aka Robert De Meo, Wikipedia: S. 100; EHT Collaboration: S. 77; PD-USGov/NASA: S. 47 u.l.; ESA-C. Carreau/ATG Medialab: S. 83 u.; ESA/DLR/FU Berlin (Neukum): S. 53 o.; ESA – D. Ducros: S. 83 o.; ESA/A. Gerst, CC BY-SA 3.0 IGO: S. 48 u.r.; ESA/Hubble & NASA, CC BY-SA 4.0: S. 74–75; ESA/Hubble & NASA, D. Sand, K. Sheth; CC BY 4.0: S. 2–3; ESA, J. Mai: S. 89 o.l.; ESA/NASA: S. 86 m.; ESA/NASA/JPL/Univ. of Arizona: S. 57 u.; ESO: S. 78; ESO, S. Guisard Creative Commons Attribution 4.0 International License: S. 36 m.; ESO/F. Kamphues: S. 80–81; g-konzept.de/Adobe Stock.com: S. 9 u.; ESO/M. Kornmesser, CC BY-SA 4.0: S. 79; European Southern Observatory ESO: S. 75 u.; Christos Georghiou/Adobe Stock.com: S. 103; J.hagelüken, CC BY-SA 3.0: S. 50 r.; Toni und Daphne Hallas: S. 15 m.; jailbird/Wikipedia: S. 51 u.; Hinode JAXA/NASA/PPARC: S. 46 o.r.; HST Comet Team/NASA: S. 55 o.r.; igorfp/Adobe Stock.com: S. 94 m.l.; Ischlueter/Wikimedia: S. 93 m.; JAXA/ISAS/DARTS/Kevin m. Gill, CC BY-SA 2.0: S. 47 r.; E. Karkoschka, Univ. of Arizona/NASA: S. 58 o.; Ile Koistinen, Creative Commons Attribution-Share Alike 3.0 Unported license: S. 73 u.; Kosmos Archiv: S. 50 u.; Henryk Kowalewski/Wikipedia: S.66 m.; Kozuch, CC BY-SA 2.0: S. 84 u.; Jo Lomark/Shutterstock.com: S. 94 o.r.; Davide De Martin/ESA/ESO/NASA: S. 26 u.; 2Mass/UMass/CalTech/NASA: S. 14 u., 18 u.r., 20 u.r., 23 m.l., 35 u.; Mysid, CC BY-SA 3.0: S. 76; NASA: S. 56, 57 o.l., 59 m., 69, 86 u., 87 o., 89 o.r., 101 m.l.; NASA/Apollo17: S. 42 u.; NASA/R. Bebe, A. Simon: S. 54; NASA/CXC/SAO/ m. Karovska et al.: S. 67 u.r.; NASA/ESA/Aura/CalTech: S. 25 o.; NASA, ESA, and G. Bacon (STScI): S. 101 u.r.; NASA, ESA, Andrew Fruchter (STScI), and the ERO team (STScI/ST-ECF): S. 22 u.l.; NASA/ESA/HubbleHeritage Team (STScI): S. 72 u.r.; NASA/ESA/E. Olszewski, Univ. of Arizona: S. 68 o.r.; NASA/ESA/STScI: S. 21 o., 24 u., 52, 104 o.l.; NASA/GSFC: S. 48 o.; NASA/Harvard-SmithonianCenter: S. 19 o.; NASA/HubbleHeritage Team: S. 17 u., 27 m.; NASA/Bill Ingalls: S. 87 u.; NASA/JHU-APL/SRI: S. 61 o.; NASA/JHUAPL/SwRI: S. 60, 61 u.; NASA/JPL: S. 59 o., 84, 112–U3; NASA/JPL-Caltech: S. 37 r., 53 u., 71, 85; NASA/JPL–Caltech/Karl D. Gordon, University of Arizona: S. 73 o.; NASA/JPL-Caltech/SETI Institute: S. 55 u.; NASA/JPL-Caltech/UCAL/MPS/DLR/IDA: S. 64 u.; NASA / JPL-Caltech / UCLA / MPS / DLR / IDA / Justin Cowart, CC BY-SA 2.0: S. 64 o.; NASA/JPL/Univ. of Arizona: S. 55 m.; NASA/JPL/USGS: S. 46 m.l.; NASA/PL: S. 42 o., 45 u.; NASA/PL-CalTech/ESA: S. 39 o.; NASA/STScI//Aura: S. 34 u.; NASA/Univ. of Arizona/CalTech: S. 33 m.; NSO, NOAO, Vacuum Tower Telescope, public domain: S. 39 u.; PD-USGov-Military-Air Force: S. 84 o.; PDUSGov/NASA: S. 38 u.; Pearson Scott Foresman, public domain: S. 16 o.; Sigmund Pettersen: S. 49.; Abraham Que, CC BY 4.0: S. 88 u.; Sakurambo, English Wikipedia, public domain: S. 74 o.; Claude Schneider, en.wikipedia: S. 43 o.; N.A. Sharp, REU-Programm/NOAO/AURA/ NSF: S. 68 m.r.; Shujianyang CC BY-SA 4.0: S. 88 o.; Soerfm CC BY-SA 3.0: 7, 41 m.; Oliver Stein/Creative Commons Attribution-Share Alike 3.0 Unported license: S. 32 m.; Swinburne Astronomy Productions/ESO: S. 83 o.; Two Micron All Sky Survey (2MASS) project: S. 14 m.; Tranquillium Photography/Planetarium Hamburg: S. 90 u.l.; Univ. of Tokyo/AXA: S. 62 o.; US Navy; Joshua Valcarcel: S. 44 u.; Luc Viatour/Wikipedia: S. 40 m.l.; VLA, NRAO: S. 80 m.l.; m. Weiss, CXC: S. 67 o.; Swinburne Astronomy Productions/ESO: S. 81 o.; NASA/Bill Ingalls: S.87 u.; vchal/Shutterstock.com: S. 93 u.

Umschlaggestaltung von Nakischa Scheibe unter Verwendung eines Farbfotos von paulista/Shutterstock.com.

Klappengestaltung von Nakischa Scheibe unter Verwendung von Illustrationen von Gunther Schulz, Fußgönheim (Tierkreis), Gerhard Weiland, Köln (Sternkarte), NASA/JPL (Planetensystem).

Unser gesamtes lieferbares Programm und viele weitere Informationen zu unseren Büchern, Spielen, Experimentierkästen, Aktivitäten, Autorinnen und Autoren findest du unter **kosmos.de**

MIX
Papier | Fördert gute Waldnutzung
FSC® C023164

Gedruckt auf chlorfrei gebleichtem Papier

ISBN: 978-3-440-17430-2
Redaktion: Dr. Heike Herrmann, Veronika Lang
Layout: Nakischa Scheibe und Sigrid Walter
Satz: Sigrid Walter
Produktion: Lena Santamaria
Druck und Bindung: LONGO AG, Bozen
Printed in Europe / Imprimé en Europe

*Nr 1 Button: * Quelle: Media Control MC Metis, DACH, FY 2024, WG 42- Natur, Umsatz*

Haftungsausschluss

Alle Angaben in diesem Buch erfolgen nach bestem Wissen und Gewissen. Sorgfalt bei der Umsetzung ist indes dennoch geboten. Der Verlag und der Autor übernehmen keinerlei Haftung für Personen-, Sach- oder Vermögensschäden, die aus der Anwendung der vorgestellten Materialien und Methoden entstehen können.

STERNBILDER, DIE FAST IMMER ZU SEHEN SIND

WINTER-STERNBILDER

SOMMER-STERNBILDER

TIERKREIS-STERNBILDER

Inhalt

Hallo liebe Sternenfreunde!

Ein funkelnder Sternenhimmel ist ein tolles Naturschauspiel. Wer diesen Anblick nicht nur genießen, sondern sich am Himmel auskennen möchte, braucht ein wenig Hilfe. Denn die Sterne machen es einem nicht immer leicht: Sie wandern die ganze Nacht über den Himmel und sind jede Nacht an einer etwas anderen Stelle zu beobachten. Da sie jedoch zueinander immer gleich stehen, wie eine Tapete, die langsam vorbeizieht, kann man sie mit ein wenig Übung und ein paar Tricks leicht erkennen.

18 Wintersternbilder

Orion

Orion ist ein Jäger aus einer griechischen Sage. Am Himmel findest du das Sternbild vom Spätherbst bis ins Frühjahr. Wegen einiger sehr heller Sterne ist es gut zu sehen. Schon ab Mitte November steht Orion gegen 22 Uhr im Osten, Ende Januar um 21 Uhr dann genau im Süden. Bis Ende März gegen 21 Uhr kannst du ihn noch im Westen beobachten.

Das schönste Sternbild des Winterhimmels: der Himmelsjäger

Schau genau!

Den Orionnebel musst du dir ansehen, er ist der schönste Gasnebel am Himmel. Eigentlich sind es zwei Nebel, M 42 und M 43, doch nur M 42 ist einfach zu erkennen. Du findest ihn am unteren Ende des Schwerts. M 42 besteht aus leuchtendem Gas und Staub und ist etwa 1400 Lichtjahre von uns entfernt. In seiner Mitte befindet sich ein kleiner Sternhaufen, von dem nur vier Sterne mit einem Fernrohr zu erkennen sind: Das ist der Trapezhaufen.

Im Orionnebel entstehen viele neue Sterne.

Beteigeuze ist ungefähr 640 Lichtjahre von uns entfernt.

Jan Feb Mär Apr Mai Jun Jul Aug Sep Okt Nov Dez

Sterne finden leicht gemacht

Die Farbleiste am oberen Rand der Seiten ermöglicht dir eine schnelle Orientierung im Buch. Die Farben geben an, ob du die Sternbilder, die in einem Kapitel besprochen werden, zum Beispiel das ganze Jahr über sehen kannst oder am besten im Winter oder im Sommer. Außerdem wird jedes Mal erklärt, wie du ein Sternbild findest. Wenn du wissen willst, wie die Sternbilder zueinander stehen, kannst du das auf den Übersichtskarten (Seite 96 bis 99) sowie auf der Himmelskarte vorn im Buch sehen.

Sternbilder, die fast immer zu sehen sind

Wintersternbilder

Sommersternbilder

Tierkreissternbilder

Wichtige Informationen zu Sonne, Mond und Planeten stehen in Kapiteln mit der roten Farbleiste. Sonnen- und Mondfinsternisse sind spektakuläre Himmelsereignisse, die jeder leicht beobachten kann. Hier werden sie erklärt, ebenso wie die Mondphasen. Auf den Klappen des Buchumschlags hinten findest du übrigens eine große Abbildung des Sonnensystems.

Das Sonnensystem

Unter der hellgrünen Farbleiste gibt es für besonders Wissbegierige weiterführende Themen wie zum Beispiel „Exoplaneten“: Das sind Planeten, die fremde Sterne umkreisen (Seite 78). Das Kapitel „Menschen erforschen den Weltraum“ hat eine dunkelblaue Farbleiste. Hier erfährst du etwas über die Raumstation ISS, über Satelliten und die Mars-Rover.

Für Wissbegierige

Menschen erforschen den Weltraum

Im Kapitel „Mach mit!“ findest du wichtige Tipps zur praktischen Sternbeobachtung. Lies unbedingt nach, wann und wo du am besten die Objekte am Himmel erkennen kannst und welche Ausrüstung hilfreich ist – oder wusstest du schon, dass Handschuhe, Taschenlampe und ein paar Kekse zur Grundausstattung jedes Sternenfreunds gehören?

Mach mit!

Außerdem werden hier Experimente erklärt, die du leicht selbst machen kannst, wie zum Beispiel, die Marsatmosphäre im Kleinen nachzubauen. Zum Schluss lässt du sogar deine eigene Rakete fliegen.

Außerdem findest du in verschiedenen Kapiteln noch folgende Zeichen:

Nach dem Symbol Teleskop steht, was an einem Sternbild besonders ist und wodurch sich seine Sterne von anderen unterscheiden. Hier gibt es auch spannende Extra-Infos, zum Beispiel zu Exoplaneten, Teleskopen, Satelliten oder der ISS.

Neben dem Symbol Rakete steht eine Entfernungsangabe. Du kannst ablesen, wie weit das genannte Himmelsobjekt von uns entfernt ist. Bei den Sternbildern wird meist der hellste Stern genannt. Auch für unser Planetensystem und andere besondere Himmelskörper findest du hier Angaben.

Erstaunlich!

Wer ein bisschen rechnen will, hier ein paar Zahlen: Das Licht schafft in einer Sekunde die gewaltige Strecke von 300 000 Kilometern. In einem Lichtjahr sind es dann 9,46 Billionen Kilometer. Eine Billion ist eine Eins mit 12 Nullen dahinter.

Wenn es nicht gerade um unseren Mond oder unsere Planeten geht, dann sind die Himmelskörper von uns fast unendlich weit entfernt und die Astronomen rechnen in Lichtjahren. Ein Beispiel: Regulus, der hellste Stern im Löwen, liegt 77 Lichtjahre von uns weg. Das heißt, sein Licht, das wir heute sehen, ging vor 77 Jahren auf die Reise. Wir sehen den Stern also 77 Jahre jünger, als er wirklich ist.

Die Linien in der Zeichnung helfen dir, das Sternbild und seine Sterne am Himmel besser zu erkennen.

Jedes Kapitel über Sternbilder hat unten auf der Seite eine Zeitleiste. Die Monate, in denen das jeweilige Sternbild nach Sonnenuntergang gut am Himmel beobachtet werden kann, sind in derselben Farbe markiert wie das Kapitel. Weitere Angaben dazu findest du noch im Text.

Die roten **Wichtig zu wissen!**-Kästen verraten dir interessante Zusatzinformationen über die verschiedensten Himmelsobjekte. Die grünen **Schau genau!**-Kästen und die gelben **Mach mit!**-Kästen geben dir Tipps zum Beobachten und Selbermachen. In den orangefarbenen **Erstaunlich!**-Kästen findest du verblüffendes Detailwissen oder Rekorde.

Am besten Richtung Süden

Als Anfänger ist es wichtig, die vier Himmelsrichtungen zu kennen und einen guten Beobachtungsplatz mit freier Sicht Richtung Süden zu finden. Merk dir die Richtung, in der die Sonne mittags steht, und du weißt, wo Süden ist. Schaust du nach Süden, zeigt dein Rücken nach Norden, deine rechte Schulter nach Westen und deine linke nach Osten. Die Sonne und alle Sterne gehen im Osten auf und im Westen unter. Die Nord-Süd-Richtung kannst du auch mit einem Kompass bestimmen.

Eine Wiese draußen vor der Stadt mit freiem Blick nach Süden ist ein idealer Standort, um zusammen mit deinen Eltern die Sterne zu beobachten.

Orientierung am Himmel

Betrachtet man eine ganze Nacht lang die Sterne, bekommt man den Eindruck, als würden sie sich um einen bestimmten Punkt hoch über uns drehen: Diesen Punkt nennt man Himmelsnordpol. In Wirklichkeit dreht sich die Erde um ihre eigene Achse und wir uns mit ihr. Fast genau auf der gedachten Verlängerung der Erdachse steht der Polarstern. Du findest ihn mithilfe des Großen Wagens.

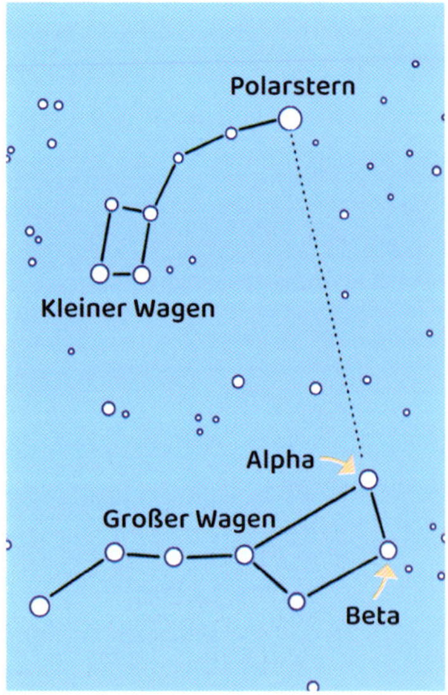

Mithilfe des Großen Wagens findest du leicht den Polarstern.

Die scheinbare Bewegung der Sterne kann man darstellen, wenn man den Sternenhimmel über einen längeren Zeitraum hinweg fotografiert.

Wenn du den Abstand der beiden hellsten Kastensterne des Großen Wagens fünfmal verlängerst, findest du einen mittelhellen Stern hoch über dir: Das ist der Polarstern.

Schau genau!

Der Polarstern ist das Ende der Deichsel des Kleinen Wagens. Von diesem Sternbild sieht man aber meist nur den Polarstern und zwei Kastensterne.

Du kannst den Polarstern ebenfalls mit der Kassiopeia finden, die auch „Himmels-W" genannt wird. Das „W" ist am Himmel gut zu erkennen und seine Spitze zeigt ungefähr in Richtung Polarstern. Wenn du also nur eines der beiden Sternbilder siehst, entdeckst du bestimmt auch das andere und dazu noch den Polarstern.

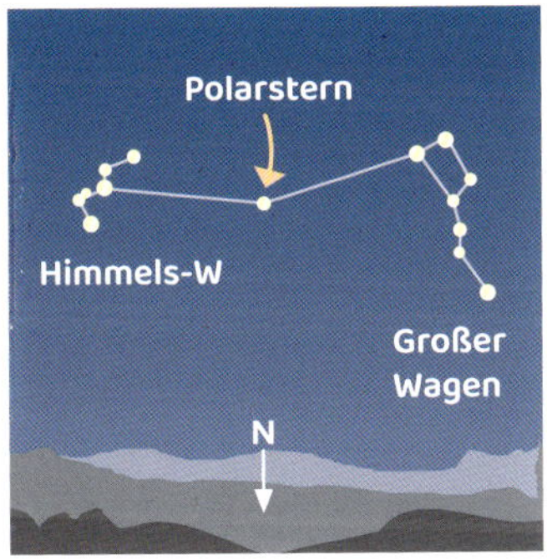

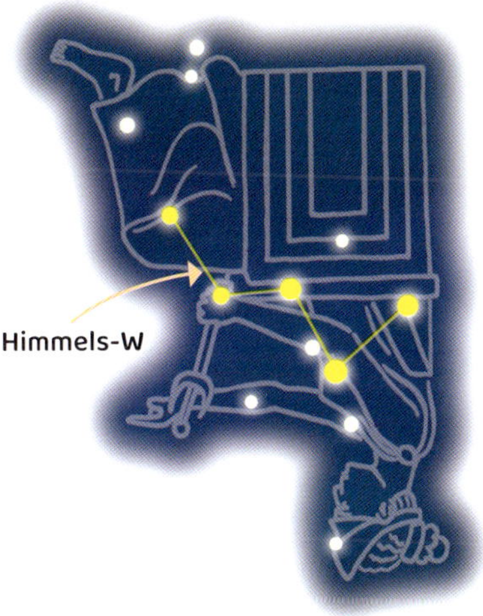

Die Sternbilder Großer Wagen und Kassiopeia liegen sich fast genau gegenüber. Beide sind das ganze Jahr über zu sehen. Faustregel: Im Frühjahr steht der Große Wagen abends hoch am Himmel, im Herbst die Kassiopeia.

Tipps beachten!

Mit den beiden Sternbildern Kassiopeia und Großer Wagen sowie dem sehr gut sichtbaren Sommerdreieck (Seite 98) kannst du mit ein wenig Übung alle anderen Sternbilder finden. Mehr Tipps zur Orientierung am Nachthimmel gibt es ab Seite 92.

Wichtig zu wissen!

Im 17. Jahrhundert bekamen alle Sternbilder einen griechischen Vor- und einen lateinischen Nachnamen: Die Sterne wurden nach ihrer Helligkeit entlang des griechischen Alphabets sortiert. Regulus heißt darum auch „Alpha Leonis", Rigel heißt „Beta Orionis". Deshalb findest du in allen Sternbildern Sterne, die Alpha, Beta, Gamma, Delta oder Epsilon heißen (also $\alpha, \beta, \gamma, \delta, \varepsilon$).

Großer Wagen und Kleiner Wagen

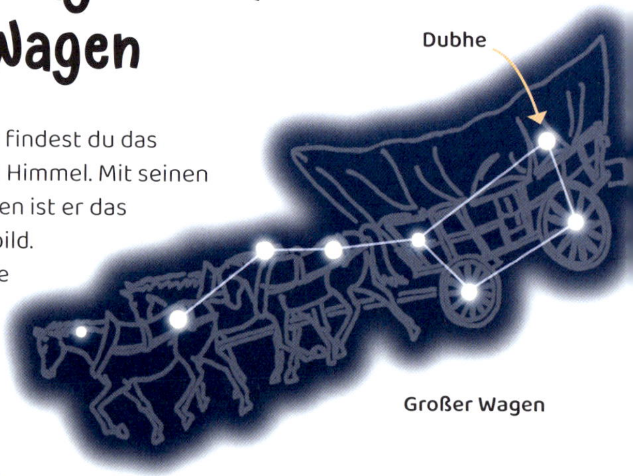

Großer Wagen

Den Großen Wagen findest du das ganze Jahr über am Himmel. Mit seinen sieben hellen Sternen ist er das bekannteste Sternbild. Er sieht aus wie eine grob gezeichnete Schubkarre ohne Räder, also ein Kasten mit einer Deichsel. Anfang März findest du ihn abends im Nordosten, Anfang Mai steht er etwa um 22 Uhr fast senkrecht über dir. Mitte Juli um 22 Uhr kannst du ihn im Nordwesten finden. Und zu Beginn des Dezember ist er gegen 19 Uhr tief im Norden zu sehen.

Schau genau!

In den beiden Wagen warten zwei interessante Doppelsterne auf dich. Am Knick der Deichsel des Großen Wagens steht Mizar. Er wird von dem dunkleren Alkor begleitet, der auch „Reiterlein" genannt wird. Du kannst die beiden bereits mit bloßem Auge erkennen. Sie sind 78 Lichtjahre von uns entfernt. Viel enger an Mizar steht ein weiterer Stern, Mizar B.

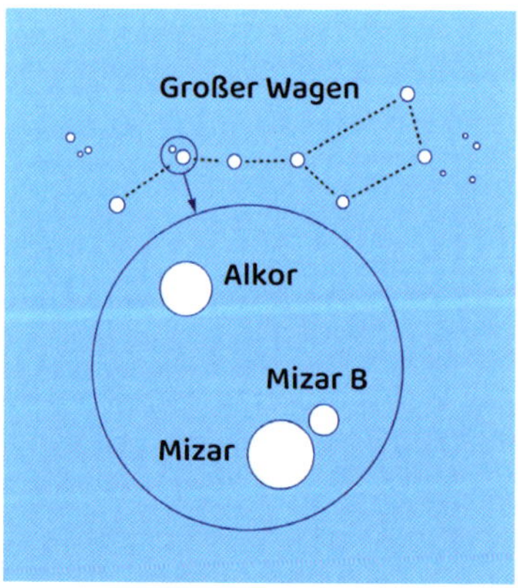

Doppelsterne im Großen Wagen

Dubhe ist 124 Lichtjahre von uns entfernt.

Der Polarstern ist der hellste Stern im Kleinen Wagen, er wird auch Nordstern oder Polaris genannt. Für die Seefahrer diente dieser Stern jahrhundertelang als Hilfe zur Bestimmung ihrer Position auf dem Meer. Polaris ist ein Dreifachstern, aber nur zwei Sterne lassen sich mit einem Amateurfernrohr auch erkennen. Der größte Stern ist ein Überriese und 2 000-mal so hell wie unsere Sonne.

Die Flagge des nördlichsten US-Bundesstaats Alaska: der Große Wagen mit dem Polarstern, der in der Flagge übergroß ist.

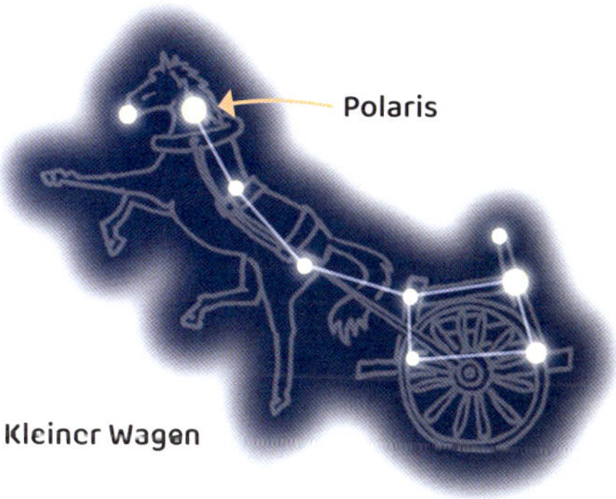

Wichtig zu wissen!

Eigentlich heißen die Sternbilder Großer Bär und Kleiner Bär. Sie enthalten deutlich mehr Sterne als die beiden Wagen und sind größer. Viele davon sind aber schlecht zu sehen.

Auch der Kleine Wagen ist das ganze Jahr über am Nordhimmel zu sehen. Solche Sternbilder nennt man Zirkumpolar-Sternbilder. Zwei hellere Sterne begrenzen den Kasten des Kleinen Wagens auf der Seite, die dem Polarstern gegenüberliegt. Die restlichen Sterne sind etwas für besonders klare Nächte. In der Sagenwelt der griechischen Götter ist der Große Bär übrigens die verwunschene Kallisto, eine Geliebte des Gottes Zeus, und der Kleine Bär ihr Sohn Arkas. Hera, die Frau von Zeus, verwandelte beide aus Eifersucht in Bären, Zeus gab ihnen daraufhin einen Ehrenplatz am Himmel.

Polaris ist ungefähr 430 Lichtjahre von uns entfernt.

Kassiopeia

Von Deutschland aus kann man die Kassiopeia immer finden – sie geht niemals unter, genau wie der Große und der Kleine Wagen. Wegen ihrer gut erkennbaren Form heißt die Kassiopeia auch „Himmels-W“. Manchmal steht sie allerdings Kopf, dann sieht sie eher aus wie der Buchstabe „M“. Im Januar nach Sonnenuntergang steht sie am frühen Abend hoch am Himmel. Anfang Mai, so gegen 22 Uhr, hat sie im Norden ihren Tiefststand.

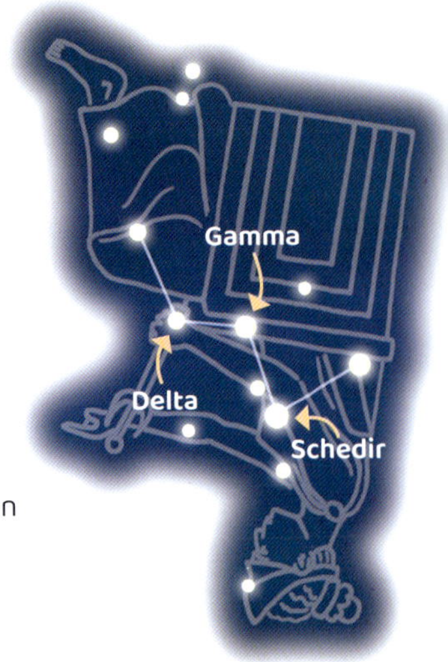

Das große „Himmels-W“

Schau genau!

In klaren Nächten ist mit bloßem Auge das Band der Milchstraße (Seite 72) zu erkennen, es zieht sich genau durch die Kassiopeia. In der Umgebung der Kassiopeia gibt es außerdem einige schöne Sternhaufen zu beobachten. Der Haufen M 103 liegt nahe Delta.

Sternhaufen M 103

Unter den fünf hellsten Sternen der Kassiopeia ist Gamma etwas Besonderes. Seine Helligkeit verändert sich im Lauf der Zeit. Er ist ungefähr 35 000-mal heller als unsere Sonne. Da er aber fast 800 Lichtjahre von uns entfernt ist, erscheint er viel dunkler.

Das helle Band der Milchstraße

Schedir ist 230 Lichtjahre von uns entfernt.

Andromeda

Vier helle Sterne der Andromeda bilden eine fast gerade Linie. Du findest sie, indem du dir zwei Linien denkst, die am Polarstern starten und an den Seiten der Kassiopeia entlanglaufen. Diese beiden Linien führen automatisch zu einer Stelle zwischen Perseus und Pegasus: Dort liegt die Andromeda. Zwischen Oktober und Februar ist das Sternbild leicht am frühen Abendhimmel zu beobachten.

Andromedanebel M 31

Schau genau!

In diesem Sternbild findest du den berühmten Andromedanebel. Er heißt auch M 31 und ist eine Galaxie wie unsere Milchstraße. Suche den Nebel in klaren Nächten, am besten, wenn kein Mondlicht stört. Du kannst ihn mit bloßem Auge finden. Was aussieht wie ein längliches Nebelchen, besteht in Wirklichkeit aus Milliarden von Sternen.

In diesem schmalen Sternbild hat eine gesamte Galaxie Platz.

Einen besonders farbigen Doppelstern gibt es am Rand von Andromeda in Richtung Perseus. Das ist Gamma, er heißt auch Alamak. Mit einem kleinen Fernrohr erkennt man einen orangefarbenen Hauptstern und einen dunkleren Begleiter, der bläulich schimmert.

Sirrah ist 97 Lichtjahre von uns entfernt.

Feb | Mär | Apr | Mai | Jun | Jul | Aug | Sep | Okt | Nov | Dez

Pegasus

Am Himmel findest du das Sternbild direkt neben Andromeda. Zählt man den Andromeda-Hauptstern Sirrah hinzu, so entsteht das auffällige Pegasus-Quadrat aus vier etwa gleich hellen Sternen. Es heißt auch Herbstviereck, ist jedoch von Mitte September bis in den Februar hinein bequem am frühen Abendhimmel auszumachen. Mitte Dezember gegen 18 Uhr ist Pegasus besonders leicht zu finden, dann erreicht er im Süden seinen Höchststand.

Erstaunlich!

Pegasus ist ein Himmelspferd. Als Perseus (siehe rechte Seite) die schreckliche Medusa besiegte, soll Pegasus aus ihrem Blut entstanden sein. Pegasus konnte rasend schnell fliegen und diente dem tapferen Krieger Bellerophon als Reitpferd. Beide vollbrachten viele Heldentaten. Dann trieben sie es zu toll: Sie wollten den Olymp stürmen – da wohnen der Sage nach die Götter. Der Reiter wurde abgeworfen und stürzte auf die Erde. Seitdem steht das Sternbild als göttliche Warnung am Himmel.

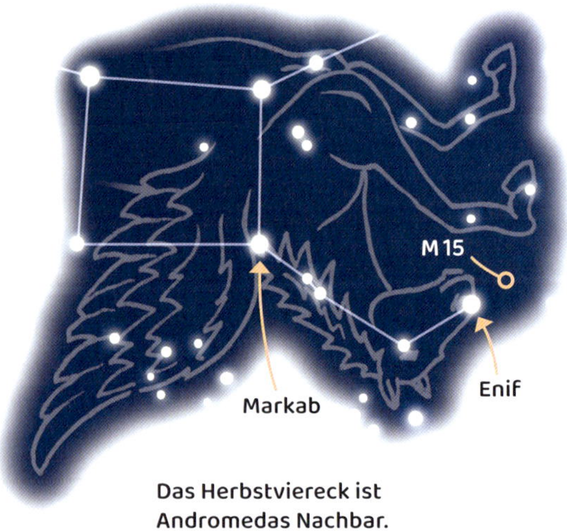

Das Herbstviereck ist Andromedas Nachbar.

Der Stern „Enif" ist ein Dreifachstern; das Wort ist arabisch und heißt „Pferdenase". Den helleren Begleiter kann man mit einem kleinen Fernrohr trennen. Das schönste Objekt in diesem Sternbild ist der Kugelsternhaufen M 15 direkt neben Enif. Sein Licht ist 31 000 Jahre unterwegs, um zu uns zu gelangen. Für M 15 brauchst du ein Fernglas.

Markab ist 133 Lichtjahre von uns entfernt.

Perseus

Perseus steht am Himmel genau zwischen den Sternbildern Andromeda und Fuhrmann. In der griechischen Sage rettete Perseus die Königstochter Andromeda vor einem Meeresungeheuer. Zur Belohnung durfte er die Prinzessin heiraten. Das Sternbild ist fast immer zu sehen. Mitte Januar kannst du es gegen 20 Uhr genau über dir am höchsten Punkt des Himmels finden.

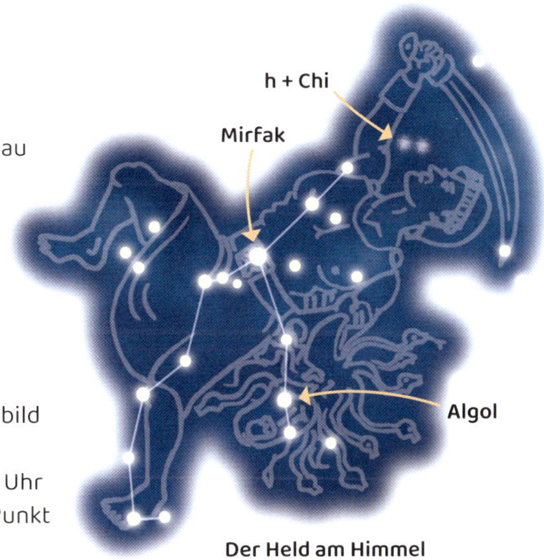

Der Held am Himmel

Den schönen Sternhaufen h + Chi im Perseus kannst du in sehr klaren Nächten mit bloßem Auge finden. Er sieht aus wie ein blasser Nebelfleck. Im Fernglas erkennt man, dass er ein Doppelhaufen ist. Jeder dieser Sternhaufen enthält etwa 300 Sterne.

Kugelhaufen M 15 im Pegasus

Schau genau!

Im Perseus steht der berühmte veränderliche Stern Algol, auch Teufelsstern genannt. Innerhalb von zwei Tagen und 21 Stunden wird er dunkel und wieder hell. Algol besteht aus zwei Sternen: Ein dunklerer Stern kreist um einen helleren. Immer wenn der dunklere vor dem helleren vorüberzieht, erscheint Algol dunkler. Stehen beide genau nebeneinander, ist Algol hell.

Mirfak ist ungefähr 506 Lichtjahre von uns entfernt.

Orion

Orion ist ein Jäger aus einer griechischen Sage. Am Himmel findest du das Sternbild vom Spätherbst bis ins Frühjahr. Wegen einiger sehr heller Sterne ist es gut zu sehen. Schon ab Mitte November steht Orion gegen 22 Uhr im Osten, Ende Januar um 21 Uhr dann genau im Süden. Bis Ende März gegen 21 Uhr kannst du ihn noch im Westen beobachten.

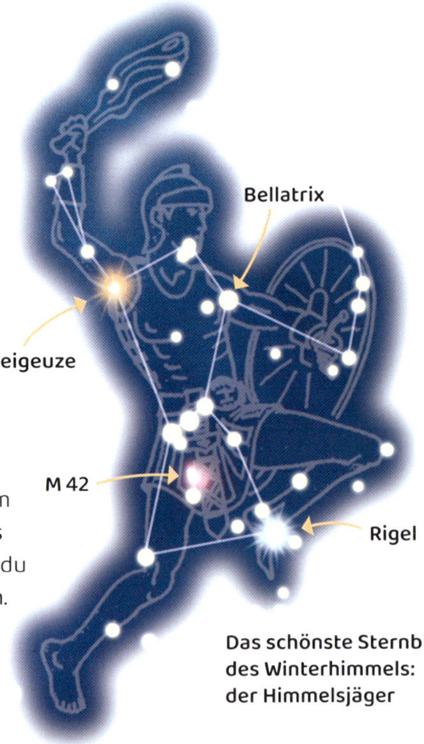

Das schönste Sternbild des Winterhimmels: der Himmelsjäger

Im Orionnebel entstehen viele neue Sterne.

Schau genau!

Den Orionnebel musst du dir ansehen, er ist der schönste Gasnebel am Himmel. Eigentlich sind es zwei Nebel, M 42 und M 43, doch nur M 42 ist einfach zu erkennen. Du findest ihn am unteren Ende des Schwerts. M 42 besteht aus leuchtendem Gas und Staub und ist etwa 1400 Lichtjahre von uns entfernt. In seiner Mitte befindet sich ein kleiner Sternhaufen, von dem nur vier Sterne mit einem Fernrohr zu erkennen sind: Das ist der Trapezhaufen.

Beteigeuze ist ungefähr 640 Lichtjahre von uns entfernt.

Mitten im Orionnebel ist der Trapezhaufen zu sehen.

Wichtig zu wissen!

Beteigeuze ist rot, Rigel blauweiß und unsere Sonne ist gelb: Sterne leuchten farbig! Nur bei den hellsten kannst du die Farbe leicht erkennen, doch mit dem Fernglas siehst du bei sehr viel mehr Sternen den Farbeffekt. Astronomen haben herausgefunden, dass die Farbe mit der Temperatur an der Sternoberfläche zusammenhängt. Das blauweiße Licht von Rigel bedeutet: Dort ist es einige tausend Grad heißer als auf unserer Sonne. Das rote Licht von Beteigeuze bedeutet, dass es dort etwa 3 000 Grad Celsius kühler ist als auf der Sonne.

Mit etwas Fantasie kann man den Jäger auch erkennen. Die Schultern sind der rote Stern Beteigeuze und der Stern Bellatrix. Den Kopf bilden die eng zusammenstehenden Sterne darüber. Der Gürtel des Jägers besteht aus drei etwa gleich hellen Sternen, die etwas tiefer auf einer fast geraden Linie liegen. Am Gürtel hängt gut sichtbar ein Schwert, deshalb heißt diese Region „Schwertgehänge“. Der helle blauweiße Stern Rigel ist einer der Füße des Jägers.

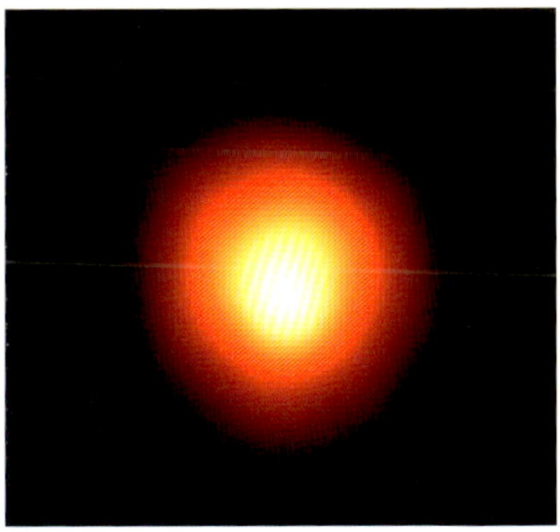

Der Stern Beteigeuze vom Hubble-Weltraumteleskop aus gesehen

Rigel ist ungefähr 770 Lichtjahre von uns entfernt.

Großer Hund und Kleiner Hund

Sirius ist der hellste Stern am Himmel. Er ist weniger als neun Lichtjahre von uns entfernt und zählt damit zu unserer Nachbarschaft. Er ist leicht zu finden, die Gürtelsterne des Orion zeigen nach unten auf ihn. Er leuchtet grellweiß. Ab Mitte Januar gegen 21 Uhr kannst du Sirius suchen. Er steht dann tief im Südosten, links unterhalb von Orion. Anfang März gegen 20 Uhr erreicht der Große Hund seinen höchsten Stand. Trotzdem steigt er nicht weit über den Horizont. Bis Mitte April gegen 20 Uhr kannst du Sirius noch im Südwesten erkennen.

Schau genau!

M 41 ist ein schöner Sternhaufen im Großen Hund. Er kann leicht gefunden werden, da er unterhalb des Sirius steht. Er ist etwa 2 500 Lichtjahre von der Erde entfernt. In sehr klaren Nächten erkennst du ihn mit bloßem Auge. Nimmst du das Fernglas, dann kannst du etwa 40 Einzelsterne entdecken.

Sirius im Großen Hund ist der hellste Stern am Himmel.

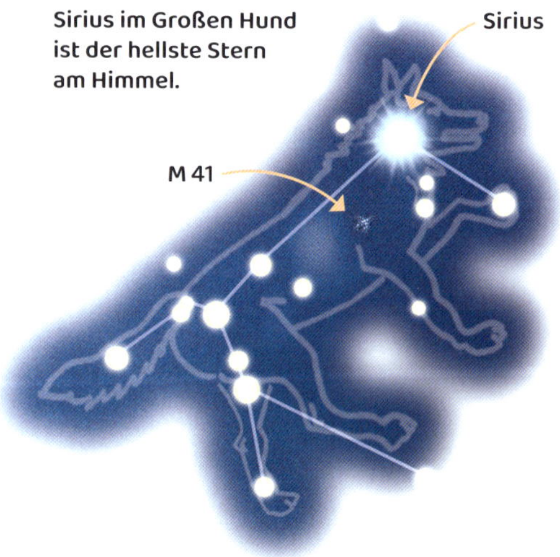

Sternhaufen M 41

Sirius ist knapp 9 Lichtjahre von uns entfernt.

Sirius hat einen kleinen Begleiter. Beide sind aber nur mit großen Fernrohren zu trennen. Sirius B, so nennen ihn die Astronomen, ist ein Weißer Zwerg. Das heißt, er ist etwa so groß wie unsere Erde – das ist winzig für einen Stern. Sirius B braucht fünfzig Jahre, um Sirius zu umkreisen.

Sirius A und B

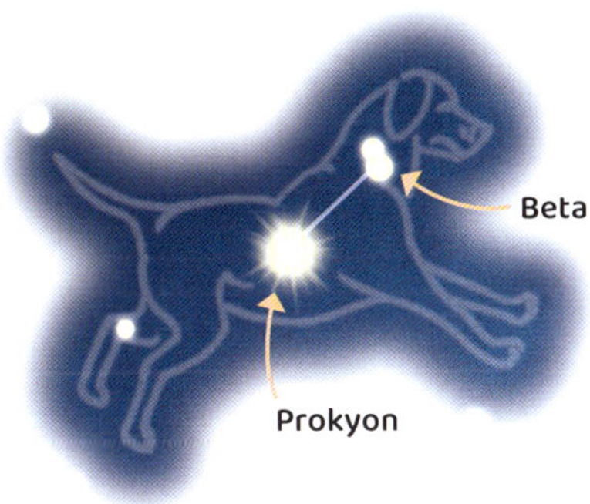

Der Kleine Hund ist am besten im Winter zu beobachten. So findest du ihn: Denke dir eine Linie, die den Zwillingsstern Pollux (Seite 22) mit Sirius verbindet. Etwa auf halbem Weg liegt etwas links ein heller Stern, Prokyon, der Hauptstern des Kleinen Hundes. Der Stern Beta ist von Prokyon etwa gleich weit entfernt wie Kastor von Pollux. Doch es besteht keine Verwechslungsgefahr: Nur die beiden Zwillingssterne wirken gleich hell.

Wichtig zu wissen!

Als Sternenfreund ist es praktisch, ein bisschen Latein zu können, denn für die Namen der Sternbilder sind die lateinischen Wörter gebräuchlich: Kleiner Hund heißt deshalb auch „Canis Minor", Prokyon als sein Hauptstern ist also „Alpha Canis Minoris".

Prokyon ist 11 Lichtjahre von uns entfernt.

Zwillinge

Auffällig sind in diesem Tierkreissternbild die fast gleich hellen Sterne Kastor und Pollux. Schon Mitte Dezember gegen 18 Uhr sind die Zwillinge im Osten auszumachen. Sie bleiben den ganzen Winter über zu sehen, bis ins Frühjahr hinein: Ihren höchsten Stand erreichen sie Anfang März gegen 20 Uhr hoch am Südhimmel.

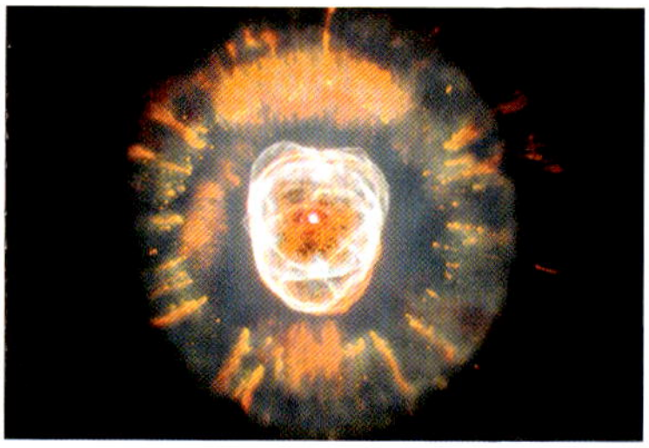

Eskimonebel

Schau genau!

Der Nebel NGC 2392 wird auch Eskimonebel oder Clownsgesichtnebel genannt. Das liegt an seinem Aussehen, das aber nur auf Fotos deutlich wird. Mit einem mittleren Fernrohr erkennst du bei stärkerer Vergrößerung einen schwachen, fast kreisrunden Nebelfleck. Sein Alter schätzen die Forscher auf etwa 10 000 Jahre. Damals stieß ein Stern einen Teil seiner Gase ab.

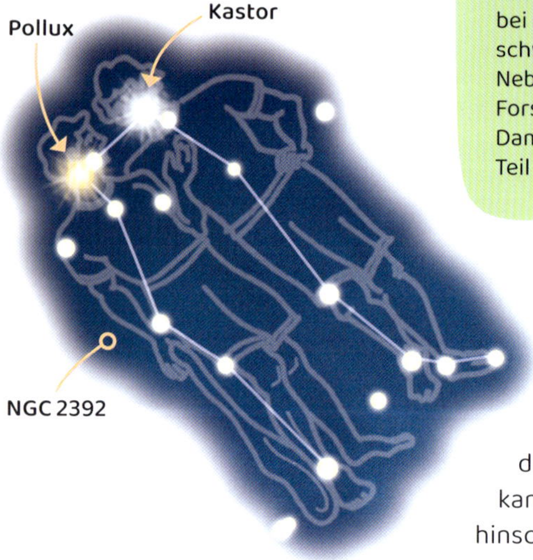

Kastor ist ein Doppelstern. Um ihn zu trennen, brauchst du die höchste Vergrößerung deines Fernrohrs. Bei Pollux kannst du, wenn du genau hinschaust, im Fernglas seinen rötlichen Schimmer erkennen. Er ist ein sogenannter Roter Riese, fünfmal größer als die Sonne.

Kastor ist 52 Lichtjahre und Pollux 34 Lichtjahre von uns entfernt.

Fuhrmann

Den Fuhrmann findest du zwischen den Sternbildern Zwillinge und Perseus. Sein Hauptstern Kapella ist der sechsthellste Stern am Himmel. Er leuchtet leicht gelblich. Sein Name stammt aus dem Lateinischen und bedeutet „Ziegenböckchen". Von Deutschland aus ist Kapella das ganze Jahr über sichtbar. Besonders leicht geht das am frühen Abendhimmel im Februar und März. Dann steht Kapella am Himmel fast senkrecht über dir.

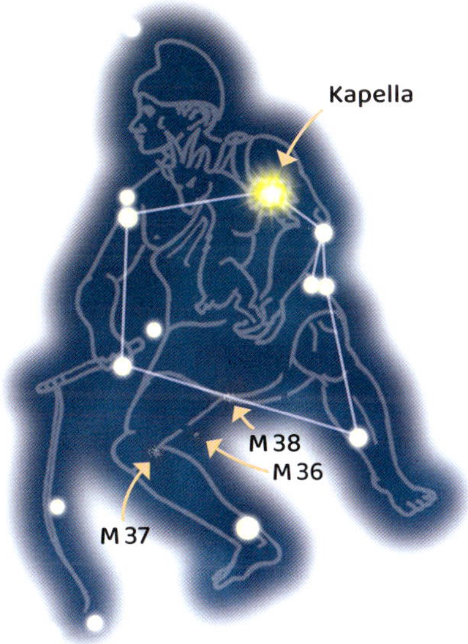

M 37

Eine Kette von Sternhaufen reiht sich im Fuhrmann aneinander: M 36, M 37 und M 38. Sie sind etwa 4 000 Lichtjahre von uns entfernt. Für alle drei brauchst du ein Fernglas. Die meisten Sterne dieser Gruppe hat M 37, es sind rund 200.

Erstaunlich!

Ist dir aufgefallen, dass viele Nebel einen Namen haben, der mit „M" anfängt? Das geht auf den französischen Sternforscher Charles Messier zurück, der vor über 200 Jahren versuchte, alle „nebeligen" Objekte am Himmel zu finden. Heraus kam der Messier-Katalog mit 110 Objekten, die alle mit einem „M" beginnen.

Kapella ist 42 Lichtjahre von uns entfernt.

Stier

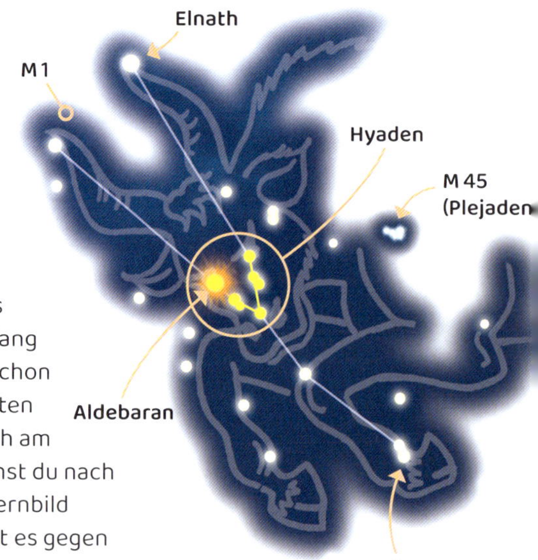

Zwischen Orion und Perseus liegt das Sternbild Stier. Seine „Abendsaison" dauert vom Herbst bis ins Frühjahr. Ab Mitte Oktober findest du es gegen 22 Uhr im Osten. Anfang Februar erreicht der Stier schon gegen 20 Uhr seinen höchsten Stand: genau im Süden, hoch am Himmel. Bis Mitte April kannst du nach dem bekannten Tierkreissternbild Ausschau halten, dann steht es gegen 20 Uhr tief im Westen.

Erstaunlich!

Im Stier findest du den Krebsnebel, der auch M 1 heißt. Im Jahr 1054 explodierte an dieser Stelle ein Stern. So etwas nennt man eine Supernova. Von der Erde aus betrachtet sah das aus, als ob plötzlich ein neuer Stern aufleuchtete. Sternkundige aus China beschrieben damals den hellen Schein. Die leuchtenden Gase von M 1 sind die Überbleibsel der Explosion. Im Innern von M 1 haben Forscher den Kern des explodierten Sterns gefunden: Er sendet Radiowellen ins All.

Krebsnebel M 1

Aldebaran ist 67 Lichtjahre von uns entfernt.

Aldebaran ist der hellste Stern im Stier. Er ist ein Roter Riese, rund 25-mal schwerer als unsere Sonne. Sein arabischer Name bedeutet „der Nachfolgende". Damit ist gemeint, dass er dem Siebengestirn folgt. Das ist ein Sternhaufen mit der Messier-Nummer M 45, der ebenfalls zum Stier gehört. Das Sternbild hat noch einen weiteren schönen Haufen zu bieten: die Hyaden. Beide kannst du ohne Fernglas finden.

Der Sternhaufen der Plejaden

Schau genau!

Die Hyaden bestehen aus rund 150 Sternen, von denen du einige mit bloßem Auge erkennen kannst. Du findest den Sternhaufen direkt neben Aldebaran. Er sieht aus wie der Buchstabe „V", der allerdings manchmal auf der Seite liegt. Etwa 150 Lichtjahre sind die Hyaden von uns entfernt – ziemlich nah für einen Sternhaufen. Das Siebengestirn wird auch „Plejaden" oder M 45 genannt, es besteht aus 130 Sternen. Ohne Fernglas kannst du meist nur sechs davon erkennen. Sie ähneln einer Miniversion des Großen Wagens.

Auch einige Doppelsterne hat der Stier zu bieten. Omikron am Vorderfuß des Stiers ist einer davon. Die beiden Sterne kannst du sogar schon mit bloßem Auge erkennen. Mit einem Fernglas siehst du sie aber deutlicher!

Elnath ist 180 Lichtjahre von uns entfernt.

Schwan

Mitte Mai gegen 22 Uhr kann die Schwanenjagd beginnen. Dann steht das große Sommersternbild flach im Nordosten. Anfang September hat es um die gleiche Uhrzeit seinen Höchststand. Der helle Hauptstern Deneb leuchtet dann fast genau über dir. Er bildet mit Wega und Atair das riesige Sommerdreieck – dadurch sind auch die Sternbilder Leier und Adler leicht zu finden (Seite 98).

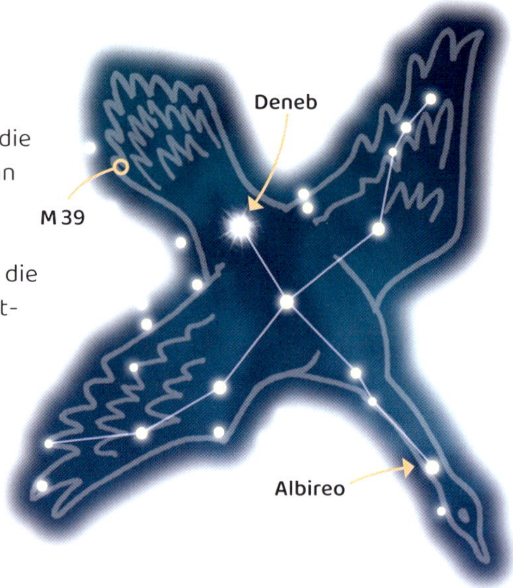

Der Nordamerikanebel nahe Deneb ist nur auf Fotos zu sehen.

Im Sternbild Schwan kannst du besonders gut die Milchstraße sehen (Seite 72). Deneb ist zwar der hellste Stern im Schwan, aber der schönste ist Beta, der auch Albireo („Vogel") heißt. Er ist ein besonders bunter Doppelstern. Durch das Fernglas oder ein kleines Fernrohr siehst du einen hellen goldgelben Stern mit einem blauen Begleiter. Beide sind 390 Lichtjahre von uns entfernt. M 39 ist ein Sternhaufen für das Fernglas.

Deneb ist ungefähr 3 000 Lichtjahre von uns entfernt.

Leier

Im Sommer ist das kleine Sternbild Leier die ganze Nacht über sichtbar. Auch an Herbst- und frühen Winterabenden kann es beobachtet werden. Sein Hauptstern Wega leuchtet weiß, mit einem Stich ins Bläuliche. Er ist der dritthellste Stern am Nordhimmel. Der Name kommt aus dem Arabischen und bedeutet „herabstürzender Adler".

Schau genau!

Der Stern Epsilon Lyrae ist ein Doppelstern, am besten schaust du ihn dir durch das Fernglas an. Beide Sterne sind fast gleich hell. Ein kleines Fernrohr zeigt, dass jeder der beiden wiederum aus einem Paar besteht. Was auf den ersten Blick ein Stern ist, sind also in Wahrheit vier! Ein weiterer Doppelstern, den du leicht im Fernrohr trennen kannst, ist Beta Lyrae.

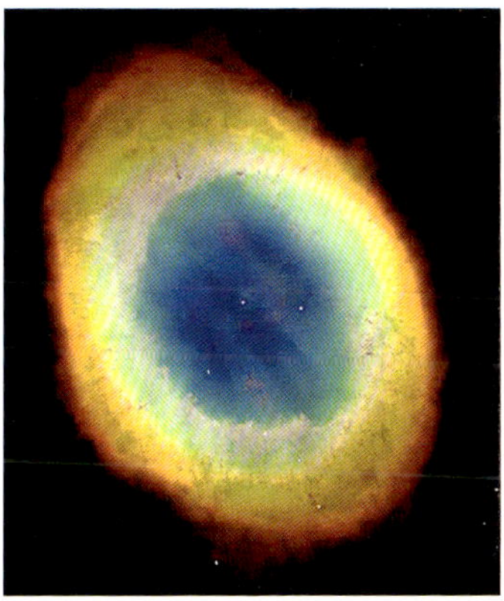

Ringnebel M 57

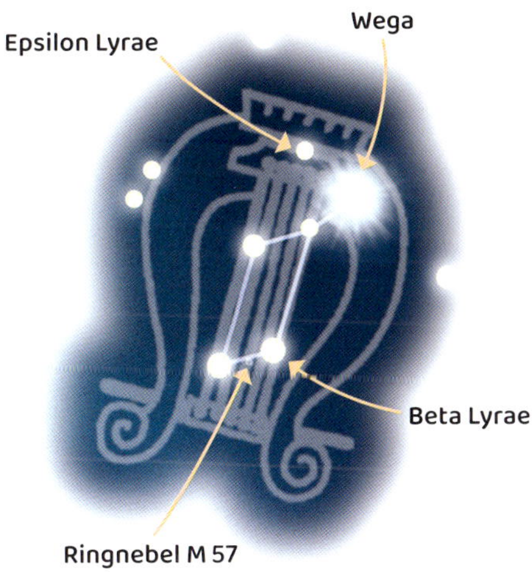

Der Nebel M 57 in der Leier sieht durch das Fernrohr wie ein Ring aus. Tatsächlich hat er eher die Form einer Coladose, auf die man von oben schaut. Er ist etwa 2 000 Lichtjahre entfernt und besteht aus Gas, das ein Stern ausgestoßen hat.

Wega ist 25 Lichtjahre von uns entfernt.

Adler und Delfin

Etwa Mitte Juni gegen 22 Uhr geht im Osten der Adler auf, er steht dann nahe am Horizont. Seinen höchsten Stand erreicht er Anfang September gegen 22 Uhr. Sogar Anfang Januar kannst du das Sommersternbild noch gegen 18 Uhr Richtung Westen erspähen.
Der hellste Adlerstern heißt Atair,
er gehört zum Sommerdreieck.

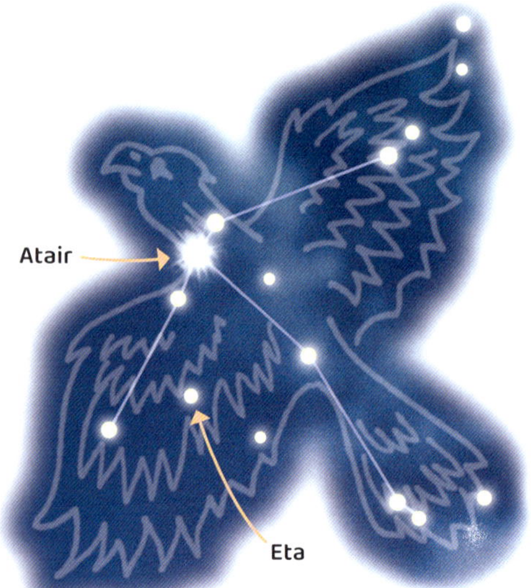

Mach mit!

Der Delfin befindet sich gleich neben dem Adler in Richtung Schwan. Er besteht nur aus dunklen Sternen, deshalb brauchst du zur Beobachtung eine besonders sternklare Nacht. Anfang Oktober gegen 20 Uhr steht er besonders hoch im Süden. Sein Stern Gamma ist doppelt und leuchtet orange und blau.

Eta ist ein besonderer Stern, denn er verändert seine Helligkeit. Alle sieben Tage bläht er sich auf, dann schrumpft er wieder. Im selben Zeitraum ändert er auch Farbe und Temperatur. Mit 1 400 Lichtjahren ist er ziemlich weit entfernt.

Atair ist 17 Lichtjahre von uns entfernt.

Bootes

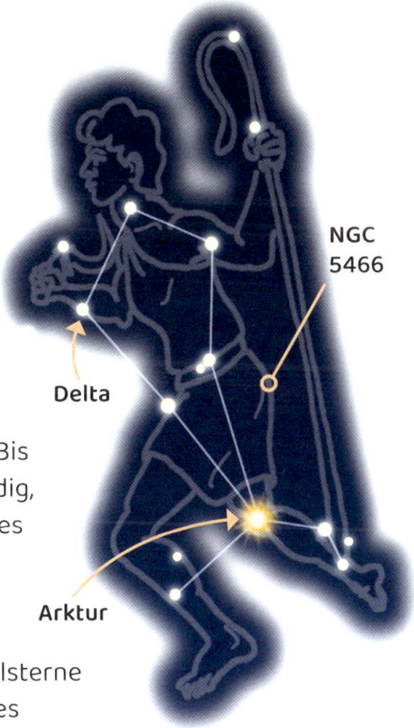

Wegen seiner Lage nah am Großen und Kleinen Bären wird das Sternbild auch „Bärenhüter" genannt. Du findest es leicht mithilfe des Großen Wagens. Stelle dir einfach eine gekrümmte Linie vor, die die Deichsel des Wagens verlängert. Diese Linie führt automatisch auf den Hauptstern zu, den roten Arktur. Anfang April ist Bootes bereits gegen 22 Uhr gut im Osten zu sehen. Bis Mitte August gegen 21 Uhr wirst du noch fündig, dann aber im Westen. Anfang Juni steht Bootes gegen 22 Uhr im Süden besonders hoch.

Im Bootes kannst du Jagd auf Doppelsterne machen. Dafür brauchst du ein kleines Fernrohr oder ein besseres Fernglas. Delta zum Beispiel besteht aus einem hellen und einem dunklen Stern. Der Kugelhaufen NGC 5466 ist 47 000 Lichtjahre entfernt. Er ist recht dunkel, für ihn brauchst du ein Teleskop ab zehn Zentimeter Öffnung (Seite 94).

Kugelhaufen NGC 5466

Erstaunlich!

Arktur ist nur 37 Lichtjahre von uns entfernt – der nächststehende Rote Riese überhaupt. Genaue Messungen zeigen, dass er sich am Himmel bewegt. Das heißt, Arktur wird seinen Platz im Bootes verlassen. Auch andere Sterne sind in Bewegung. Man nennt das „Eigenbewegung". Die von Arktur ist besonders groß, trotzdem dauert es etwa 14 000 Jahre, bis er in die Nähe des Sternbilds Jungfrau kommen wird.

Arktur ist 37 Lichtjahre von uns entfernt.

Tierkreis

Viele Menschen sagen: „Ich bin Steinbock", oder: „Ich bin Waage." Bestimmt kennst auch du dein „Sternzeichen". Vielleicht hast du sogar mal versucht, dein Tierkreissternbild am Himmel zu finden – und dabei festgestellt, dass es schwierig ist. Oder du bist Stier, Zwilling, Löwe oder Jungfrau. Die zwei ersten wurden schon vorgestellt (Seiten 22 und 24). Die beiden anderen folgen jetzt, außerdem Krebs, Skorpion, Schütze und Widder, die weniger gut zu sehen sind. Alle anderen Tierkreissternbilder sind in Deutschland schwer zu beobachten.

Der Hochzeitsturm auf der Mathildenhöhe in Darmstadt. Die Jugendstil-Sonnenuhr ist mit goldenen Tierkreis-Mosaiken verziert.

Mach mit!

Der Unterschied zwischen den Tierkreiszeichen der Astrologie und dem tatsächlichen Sonnenstand am Geburtsdatum eines heute lebenden Menschen ist ein gutes Thema für ein Referat, für Wanderungen oder auf Partys: Du wirst sehen, dass die Vertreter der klassischen Sternzeichen diese gegen alle wissenschaftlichen Argumente verteidigen.

Während für die Astronomen die Tierkreissternbilder nicht immer im Mittelpunkt stehen, sind sie für die Astrologen das Wichtigste überhaupt: Sie glauben, dass das Sternbild, in dem die Sonne zum Zeitpunkt der Geburt stand, wichtige Hinweise auf den Charakter eines Menschen liefert. Diese Überzeugung ist noch heute weitverbreitet, Zeitungen und Zeitschriften sind voller Horoskope. Aber Achtung: Die Datumsangaben in Horoskopen sind alle veraltet!

Welches Tierkreissternbild gehört wirklich zu deinem Geburtsdatum? Hier siehst du den tatsächlichen Sonnenstand zu jedem Datum im Jahr, rechts daneben den Sonnenstand vor über 2 000 Jahren: Aus dieser Zeit stammt die Lehre der Astrologie. Doch weil sich die Erdachse im Lauf der Jahrtausende dreht, ist der tatsächliche Sonnenstand um ein Zeichen „zurückgewandert“. Wer also sagt: „Ich bin Steinbock!“, der ist heute in Wirklichkeit Schütze und so weiter. Außerdem gibt es am Himmel 13 Tierkreissternbilder – die Sonne wandert im Dezember durch den Schlangenträger.

Tierkreissternbild	wirklicher Sonnenstand	astrologische Sternzeichen
Steinbock	20. Januar – 16. Februar	22. Dezember – 20. Januar
Wassermann	16. Februar – 11. März	21. Januar – 19. Februar
Fische	11. März – 19. April	20. Februar – 20. März
Widder	19. April – 14. Mai	21. März – 20. April
Stier	14. Mai – 21. Juni	21. April – 20. Mai
Zwillinge	21. Juni – 20. Juli	21. Mai – 21. Juni
Krebs	20. Juli – 11. August	22. Juni – 22. Juli
Löwe	11. August – 17. September	23. Juli – 23. August
Jungfrau	17. September – 31. Oktober	24. August – 23. September
Waage	31. Oktober – 23. November	24. September – 23. Oktober
Skorpion	23. November – 30. November	24. Oktober – 22. November
Schlangenträger	30. November – 18. Dezember	
Schütze	18. Dezember – 20. Januar	23. November – 21. Dezember

Krebs

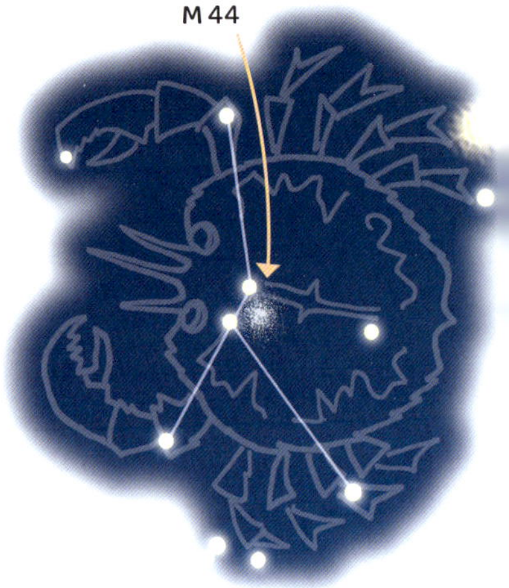

Der Krebs ist ein eher unauffälliges Sternbild zwischen Zwillinge (Seite 22) und Löwe. Wenn man diese beiden gut sichtbaren Sternbilder kennt, findet man zwischen ihnen den Krebs, der aussieht wie ein Ypsilon, das auf dem Kopf steht. Ende März und Anfang April ist er gegen 21 Uhr im Süden zu sehen.

Erstaunlich!

M 44 diente einst der Wetterprognose, weil er bei Zirrus-Bewölkung unsichtbar wird. Zirrus-Wolken sind lang gestreckte Wolken aus Eiskristallen in acht bis zwölf Kilometer Höhe. Sie können Regen ankündigen.

M 44

Den offenen Sternhaufen M 44 findet man rechts neben der Stelle, an der alle Striche des Ypsilons sich treffen. M 44 ist mit bloßem Auge gut zu erkennen. Er besteht aus ungefähr 350 Sternen. Da die Ekliptik durch diesen Sternhaufen verläuft, also die Bahn, auf der Sonne, Mond und Planeten ziehen, wird M 44 regelmäßig vom Mond, von Planeten und sogar Kometen besucht. Auf Deutsch heißt M 44 Futterkrippe, auf Lateinisch Praesepe, auf Englisch Manger oder Beehive Cluster. Mit diesen Begriffen kannst du Fotos solcher Begegnungen im Internet finden.

Der Sternhaufen M 44 ist 577 Lichtjahre von uns entfernt.

Löwe

Zwischen den Zwillingen und Bootes ist das Himmelsrevier des Löwen. Du findest ihn auch, indem du die Linie vom Großen Wagen zum Polarstern in die andere Richtung gedanklich verlängerst: Du musst die Linie noch etwas weiter ziehen als zum Polarstern – dort steht der Löwe. Dieses eindrucksvolle Tierkreissternbild ist am besten im Frühjahr zu sehen, doch schon Ende Januar gegen 22 Uhr steht es flach im Osten. Mitte April gegen 21 Uhr findest du den Löwen leicht im Süden, dann hat er seinen höchsten Stand. Bis Ende Mai gegen 22 Uhr ist er noch gut am Westhimmel auszumachen.

Schau genau!

Wenn du die beiden Galaxien M 65 und M 66 aufgespürt hast, wirfst du gleichzeitig einen Blick in die Vergangenheit. Beide liegen eng beieinander. Ihr Licht braucht etwa 40 Millionen Jahre, um uns zu erreichen, sie sind also 40 Millionen Lichtjahre von uns entfernt.

Galaxie M 66

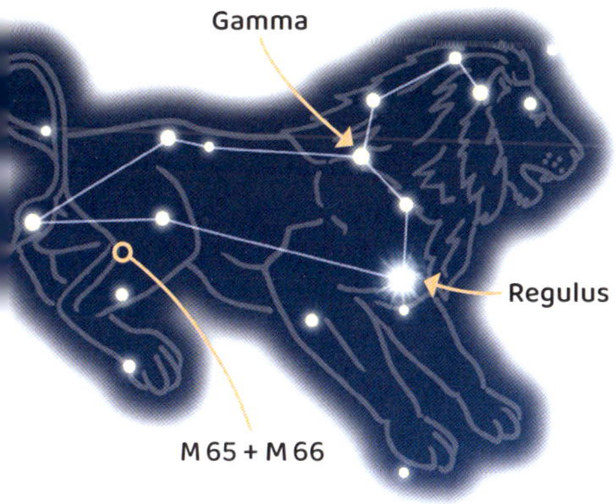

Der hellste Stern im Löwen heißt Regulus, „Kleiner König". Er besteht aus zwei Sternen und kann mit einem guten Fernglas getrennt werden. Bei dem Doppelstern Gamma ist ein Stern orange, der andere tiefgelb. Für die beiden brauchst du mindestens ein Fernrohr mit fünf Zentimeter Öffnung und die höchste Vergrößerung.

Regulus ist 79 Lichtjahre von uns entfernt.

Jungfrau

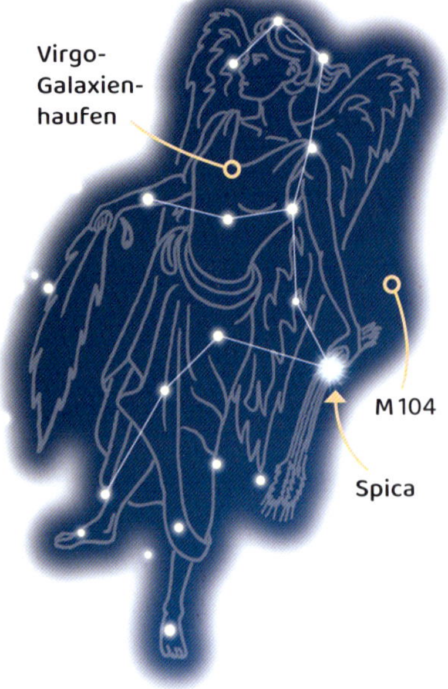

Die nach hinten verlängerte Deichsel des Großen Wagens zeigt bekanntlich auf Arktur im Bootes (Seite 29). Wenn du jetzt diesen Bogen weiterführst, landest du bei Spica in der Jungfrau, einem hellen, bläulich weißen Stern. Alle weiteren Jungfrausterne sind ziemlich dunkel. Ab Mitte März gegen 22 Uhr findest du Spica im Osten, im Mai steht der Hauptstern gegen 22 Uhr am höchsten, im Juni findest du ihn im Westen. Du musst immer genau hinsehen, Spica kommt nie weit über den Horizont.

Sombrero-Galaxie M 104

In der Jungfrau, die auf Lateinisch auch „Virgo" heißt, wimmelt es von Galaxien. Über 250 bilden den Virgo-Galaxienhaufen. Er ist 70 Millionen Lichtjahre entfernt. Etwas näher als der Virgo-Haufen ist uns M 104. Sie heißt auch „Sombrero-Galaxie". Der Name kommt von dem bekannten mexikanischen Hut, an den ihr Aussehen erinnert. Du kannst sie mit einem mittleren Fernrohr ab zehn Zentimetern Öffnung finden. Etwas Geduld musst du jedoch mitbringen.

Spica ist ungefähr 262 Lichtjahre von uns entfernt.

Skorpion

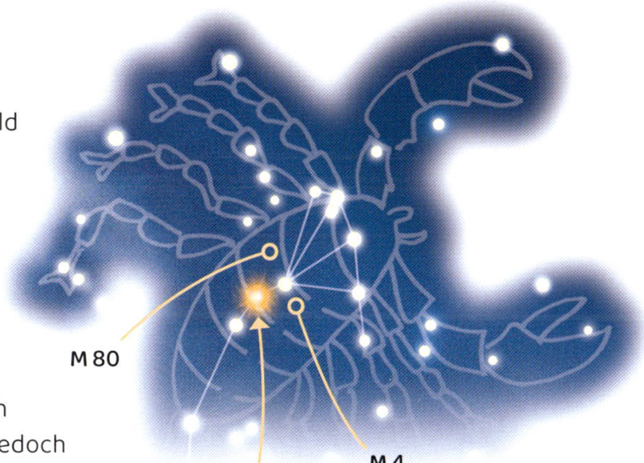

Dieses Tierkreissternbild kannst du eigentlich nur im Sommerurlaub am Mittelmeer gut beobachten. Dort steigt es am Himmel höher als in Deutschland. Bei uns bewegt es sich sehr nah am Horizont. Wenn du jedoch freien Blick nach Süden hast, kannst du Mitte Juni um 23 Uhr den südlichen Horizont nach seiner auffälligen Form absuchen. Vielleicht ist zumindest der rote Hauptstern Antares zu erspähen.

Kugelhaufen M 80

Antares ist ein wahrer Riese. Sein Durchmesser übertrifft die Sonne um das 700-Fache! Sehr nahe bei Antares findest du den Kugelhaufen M 4, er ist etwa 6 000 Lichtjahre entfernt. Für einen Kugelhaufen ist das ziemlich nah. Mit einem besseren Fernglas oder einem kleinen Fernrohr ist er als nebliger Fleck zu erkennen. M 80 ist ebenfalls ein Kugelhaufen.

Antares ist 600 Lichtjahre von uns entfernt.

Schütze

Der Schütze erscheint links neben dem Sternbild Skorpion spät am Sommerhimmel in der Nähe des Horizonts. Zwar stehen beide Sternbilder ungefähr gleich tief am Himmel, der Schütze ist jedoch wegen seiner dunkleren Sterne schlechter zu sehen. Am besten klappt es noch im Sommerurlaub am Mittelmeer.

Schau genau!

Im Schützen können verschiedene Nebel beobachtet werden, zum Beispiel der Lagunennebel M 8. In diesem Gasnebel entstehen viele neue Sterne. Er enthält auch einen offenen Sternhaufen.

Lagunennebel M 8

Das Sternbild zeigt von der Erde aus gesehen die Richtung zum Zentrum der Milchstraße. In dieser Region befinden sich viele nebelige Objekte, es ist das Sternbild mit den meisten Messier-Nummern (Seite 23). 1932 wurde dort eine starke Radioquelle entdeckt und Sagittarius A genannt: Diese Radiosignale stammen von dem riesigen schwarzen Loch (Seite 76) im Zentrum unserer Milchstraße.

Der Lagunennebel M 8 ist 5 200 Lichtjahre von uns entfernt.

Widder und Dreieck

Der Widder und das Sternbild Dreieck sind am besten abends zwischen November und Januar zu sehen. Die drei ähnlich hellen Sterne des kleinen Dreiecks liegen etwas unter der fast geraden Linie der vier Andromeda-Sterne (Seite 15). Der Widder ist an zwei hellen Sternen zu erkennen. Er liegt unterhalb des Dreiecks.

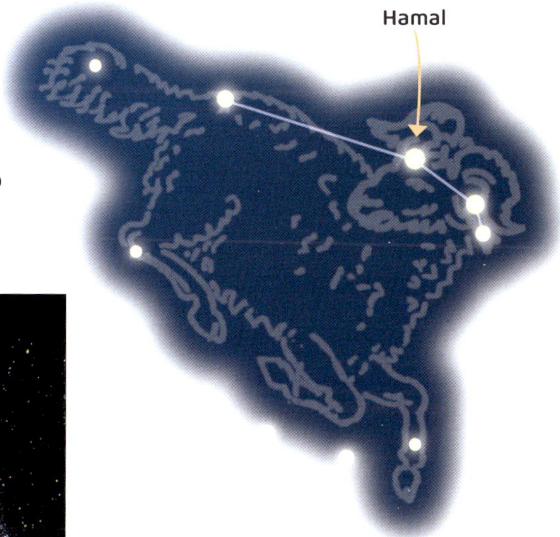

Spiralnebel M 33

Zum Sternbild Dreieck gehört die Galaxie M 33. Sie ist die drittgrößte Galaxie in der kosmischen Nachbarschaft, nur der Andromedanebel und die Milchstraße sind größer. Wenn man unsere Milchstraße verlassen und von außen auf sie blicken könnte, würde sie ungefähr so aussehen wie M 33. Um M 33 zu finden, brauchst du ein sehr lichtstarkes Fernglas.

Hamal ist 66 Lichtjahre von uns entfernt.

Sonne

Sonnenfilter eines Teleskops

Vorsicht! Wer die Sonne beobachten will, muss gut aufpassen. Denn sie strahlt so hell, dass man allein vom Hinsehen erblinden kann. Man braucht eine besondere Brille, die sogenannte SoFi-Brille, die bei einer bevorstehenden Sonnenfinsternis (SoFi) überall angeboten wird. Achtung: Eine Sonnenbrille reicht nicht! Wenn man durch ein Fernglas oder ein Fernrohr auf die Sonne schaut, ist das besonders gefährlich. Es gibt spezielle Filter, mit denen man das grelle Sonnenlicht abschwächen kann; beim Fernglas brauchst du zwei davon. Auch durch das Sucherfernrohr eines Teleskops darfst du niemals ohne Filter Richtung Sonne schauen.

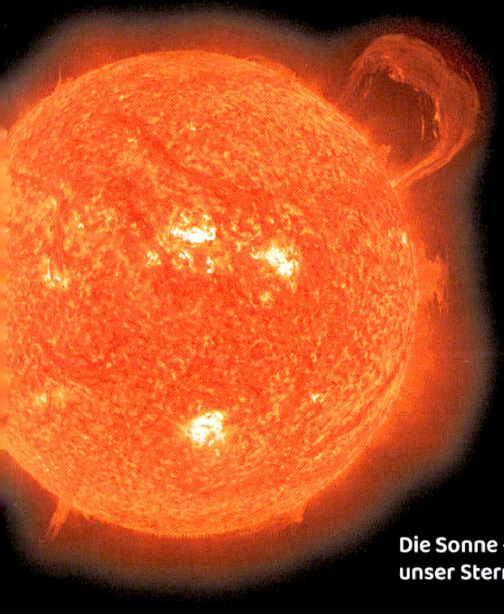

Die Sonne – unser Stern

Unsere Sonne ist ein Stern wie zahllose andere. Sie sieht nur deshalb anders aus als die Sterne am Nachthimmel, weil sie uns viel näher ist. Der nächste Stern ist fast 300 000-mal weiter weg als unsere Sonne. In unserem Sonnensystem ist sie der einzige Himmelskörper, der aus eigener Kraft leuchtet. Planeten und Monde bekommen alle ihr Licht von der Sonne. Das gilt natürlich auch für die Erde.

Der kleinste Abstand zwischen Erde und Sonne beträgt 8,17 Lichtminuten.

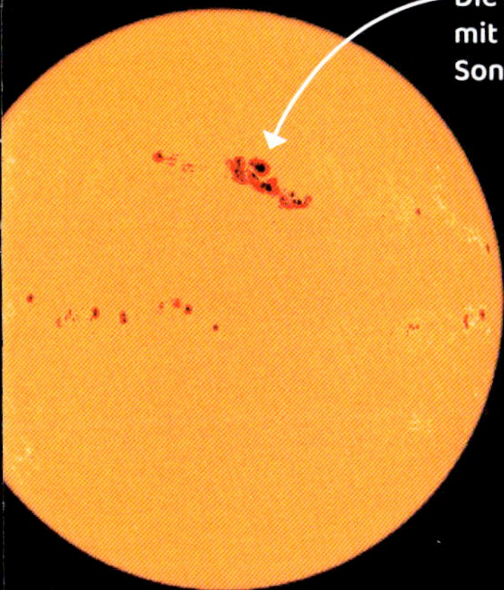

Die Sonnenflecken kannst du mit einem Fernrohr, aber nur mit Sonnenfilter beobachten.

Schau genau!

Oft gibt es dunkle Flecken auf der Sonne. Da sie sich dreht, scheinen die Flecken zu wandern. Es sind kühlere Stellen auf der brodelnden Sonnenoberfläche. Dort ist es „nur“ 4 000 Grad Celsius heiß und nicht wie üblich 6 000 Grad Celsius. Diese Flecken kannst du beobachten, dabei aber nie direkt in die Sonne schauen! Und auf keinen Fall durch das Fernrohr oder das Sucherfernrohr gucken! Halte ein weißes Blatt Papier etwa 30 Zentimeter hinter das Okular. Auf dem Blatt erkennst du ein Abbild der Sonne, das du scharf stellen kannst. Dieser Trick funktioniert nicht mit einem Fernglas.

Wie die anderen Sterne erzeugt die Sonne ihre Energie durch die Verschmelzung von Atomen. Dabei entsteht aus dem reichlich vorhandenen Wasserstoff das Gas Helium. Den Prozess nennt man Kernfusion. Seit über vier Milliarden Jahren ist er bereits im Gang und wird ungefähr noch einmal so lange andauern. Wie es danach mit der Sonne weitergeht, steht auf Seite 74 „Das Leben der Sterne“.

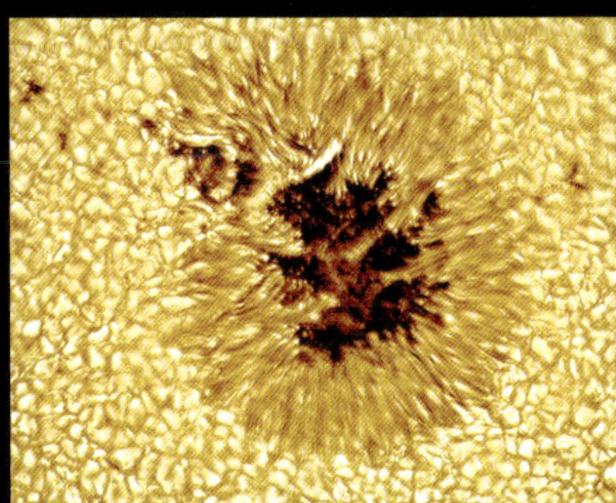

Aufnahme eines Sonnenflecks mit einem Profi-Teleskop

Der größte Abstand der Erde zur Sonne beträgt 8,46 Lichtminuten.

Sonnenfinsternis

Hin und wieder schiebt sich der Mond vor die Sonne. Das klappt nur bei Neumond, wenn der Mond zwischen Sonne und Erde steht. Dann fällt der Mondschatten auf die Erde. Die Erde ist jedoch viel zu groß, um in den kleinen Schatten zu passen. Stattdessen gibt es nur einen dunklen Schatten-„Fleck", der auf der Erde wandert, das ist der Kernschatten, und einen helleren Halbschatten. Wenn die Sonne komplett verschwindet, spricht man von einer „totalen" Sonnenfinsternis, wenn noch eine „Sonnensichel" zu sehen ist, von einer „partiellen" Sonnenfinsternis.

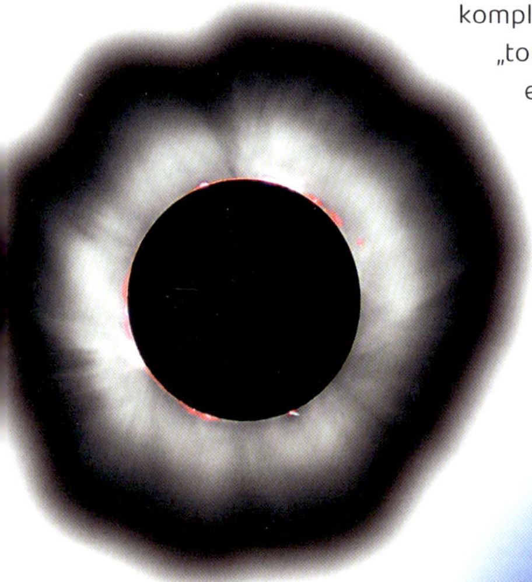

Totale Sonnenfinsternis: Der Mond schiebt sich vor die Sonne und verdunkelt sie. In diesem Moment kann man von der Erde aus die leuchtende Atmosphäre der Sonne, die Korona, gut beobachten.

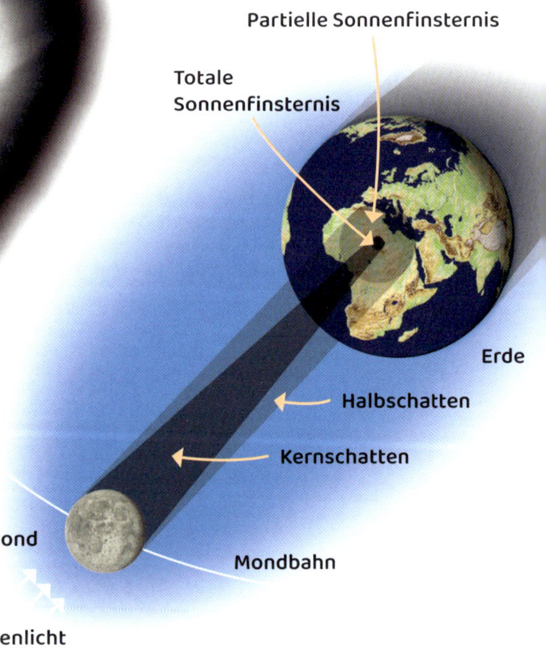

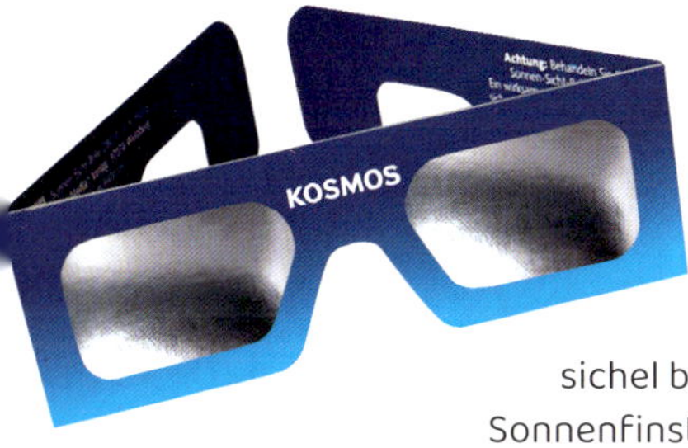

Sonnenfinsternis-Brille

Vorsicht: Auch jetzt niemals direkt in die Sonne schauen! Bei jeder Sonnenfinsternis erblinden Menschen, weil sie nicht wissen, dass auch die schmale Sonnensichel brandgefährlich ist. Wenn bei uns eine Sonnenfinsternis ansteht, findest du überall günstige Sonnenfinsternis-Brillen. Du darfst auch niemals mit einem Fernglas oder Fernrohr das Ereignis beobachten. Für Fernrohre gibt es, wie du schon weißt, spezielle Sonnenfilter.

Erstaunlich!

Fast jedes Jahr gibt es irgendwo auf der Erde eine Sonnenfinsternis zu beobachten, doch von Deutschland aus ist sie ziemlich selten zu sehen. Die nächsten partiellen Sonnenfinsternisse werden am 25. Oktober 2022 und am 29. März 2025 stattfinden. Bis zur nächsten totalen Sonnenfinsternis bei uns müssen wir noch lange warten: Die ist erst im September 2081.

Partielle Sonnenfinsternis

Eine totale Sonnenfinsternis ist ein einmaliges Naturschauspiel: Es wird rasch dunkel, beinahe Nacht. Vögel legen sich schlafen, Fledermäuse, die sonst nur in der Dämmerung aktiv sind, flattern umher. Es wird kühler, wegen des Temperaturabfalls kommt Wind auf. Mit einer Schutzbrille kannst du sehr schön sehen, wie sich der Mond langsam vor die Sonne schiebt. Bei einer partiellen Sonnenfinsternis wird es nicht dunkel, denn die Sonne verschwindet nicht ganz. Du brauchst jedoch auch hierbei eine Sonnenfinsternis-Brille, um zu erkennen: Die Sonne sieht für kurze Zeit aus wie eine Mondsichel.

Mond

Der Mond entstand durch einen gewaltigen Zusammenprall.

Unser Mond ist fast immer am Nachthimmel zu sehen: entweder als schmale Mondsichel, als Halbmond oder als Vollmond. Nur bei Neumond scheint er verschwunden: Dann steht er unsichtbar am Taghimmel. Bei Vollmond findest du ihn genau gegenüber der Sonne. Wenn also die Sonne im Westen untergeht, taucht er im Osten auf. Geht sie am Ende der Vollmondnacht im Osten wieder auf, legt sich der Mond gerade im Westen „schlafen".

Zuletzt waren 1972 Raumfahrer auf dem Mond.

Der Mond ist anders als unsere Erde: Er ist viel kleiner und hat eine geringere Schwerkraft. Die Astronauten, die dort spazieren gingen, konnten trotz schwerer Raumanzüge Luftsprünge machen. Allerdings gibt es auf dem Mond keine Luft. Von der Erde aus blicken wir immer auf dieselbe Mondseite, seine Vorderseite. Die Mondrückseite wurde erst von Raumsonden erforscht.

Wichtig zu wissen!

Der Mond ist ein Stück unserer Erde. Die Planetenforscher nehmen an, dass es vor Milliarden Jahren einen gewaltigen Crash gab. Zusammenstöße waren früher im Sonnensystem viel häufiger als heute. Damals krachte ein anderer Planet in Mars-Größe auf die Erde. Dieser Planet wurde völlig zerstört. Seine Trümmer wurden ins All geschleudert, ebenso Gesteinsbrocken der Erde. Diese Brocken fügten sich später zum Mond zusammen.

Der kleinste Abstand von uns zum Mond beträgt 1,21 Lichtsekunden.

Schau genau!

Wenn nur eine schmale Mondsichel zu sehen ist, kann man bei sehr klarer Sicht manchmal die dunkle Seite des Mondes schwach leuchten sehen. Diese Seite wird zwar nicht direkt von der Sonne beleuchtet, sie bekommt aber etwas Licht von der hellen Erde. Man nennt diesen Effekt „Erdlicht".

Unten sieht man, wie das Licht der Sonne und der wandernde Mond die Mondphasen entstehen lassen. Wenn der Mond sich vom Neumond zur Vollmondposition bewegt, wird die Mondsichel immer dicker, man spricht dann vom „zunehmenden" Mond. Bewegt er sich vom Vollmond in Richtung Neumond, sagt man, der Mond „nimmt ab". Eine einfache Regel: Krümmt sich die Sichel in die gleiche Richtung wie der „Bauch" von einem kleinen „a", so handelt es sich um einen abnehmenden Mond. Siehst du den Mond am Vormittag, nimmt er ab, siehst du ihn am Nachmittag, dann nimmt er zu.

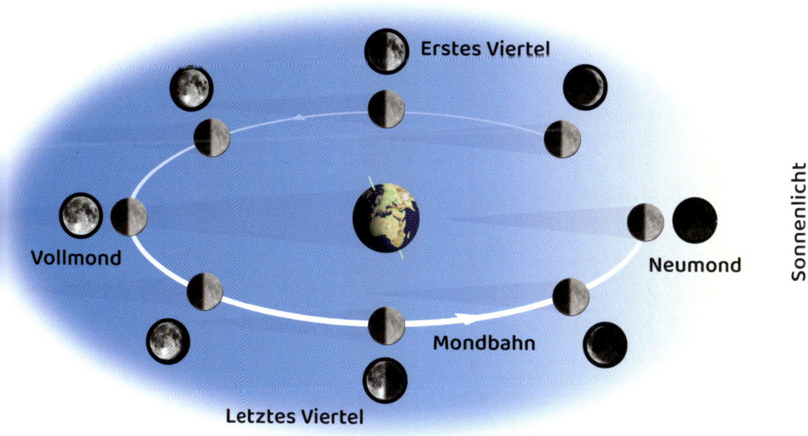

Der größte Abstand der Erde zum Mond beträgt 1,35 Lichtsekunden.

Mondfinsternis

Mehrmals pro Jahr bewegt sich der Mond durch den Schatten der Erde. Das klappt nur bei Vollmond, wenn die Erde zwischen Sonne und Mond steht. Das genaue Datum kann lange vorher berechnet werden (siehe Kasten). Der Mond ist viel kleiner als die Erde, er passt komplett in den Erdschatten. Ein solches Ereignis solltest du dir nicht entgehen lassen!

Wichtig zu wissen!

In den kommenden Jahren kannst du von Deutschland aus mehrere Mondfinsternisse beobachten: am 28. Oktober 2023 und 18. September 2024 jeweils eine partielle, die nächste totale Mondfinsternis am 31. Dezember 2028 nachmittags.

Die einzelnen Phasen einer Mondfinsternis

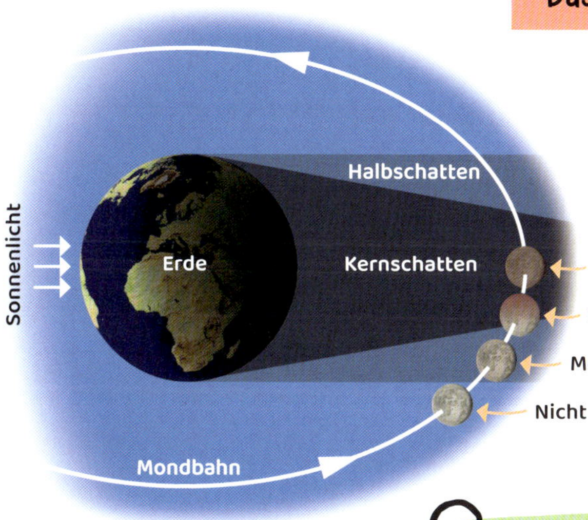

Die Zeichnung oben zeigt, dass die Erde in Wirklichkeit einen Kernschatten und ringsum einen Halbschatten wirft. Tritt der Mond komplett in den Kernschatten, spricht man von einer „totalen" Mondfinsternis. Alle anderen sind „partielle" Mondfinsternisse. Bei einer totalen Finsternis verschwindet der Mond scheinbar immer mehr, bis am Ende nur ein schwach orangerot schimmernder Mond übrig bleibt.

Schau genau!

Der Mond zeigt der Erde immer dieselbe Seite. Das liegt daran, dass er sich genauso schnell um sich selbst dreht, wie er auch die Erde umrundet. Lange war deshalb unklar, wie die Rückseite des Mondes aussieht. Zuerst konnten russische Raumsonden die Mondrückseite fotografieren. Verglichen mit der Vorderseite sieht sie eher langweilig aus.

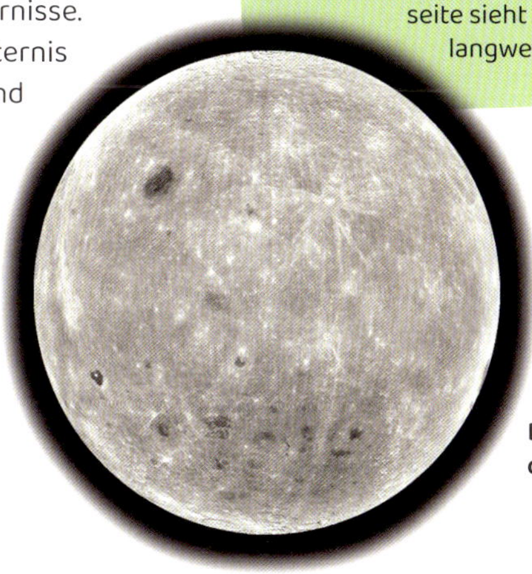

Die Rückseite des Mondes

Merkur

Der Merkur ist selten zu sehen und immer nur in der Dämmerung. Solche Sichtbarkeiten dauern nur wenige Wochen. Sie sind in aktuellen astronomischen Kalendern, etwa dem „Kosmos-Himmelsjahr", aufgeführt. Der Merkur steht entweder abends im Westen oder vor Sonnenaufgang im Osten. Er ist immer sehr nah am Horizont und du hast kaum eine Stunde Zeit, ihn zu finden. Vorsicht: Blicke bei deiner Suche niemals in die Sonne!

Der Merkur zieht vor der Sonne entlang.

Merkurs Oberfläche ist voller Krater.

Der Planet ähnelt unserem Mond. Auch seine Oberfläche hat viele Krater und wurde bereits vollständig von Raumsonden fotografiert. Im Teleskop kannst du allerdings keine Krater erkennen, dazu ist die Vergrößerung zu schwach.

Erstaunlich!

Der Merkur ist der sonnennächste Planet. Deshalb ist es dort tagsüber heißer als in einem Pizzaofen. Doch manche Stellen auf seiner Oberfläche sind auch kalt: Am Nordpol des Merkurs gibt es Krater, die so tief sind, dass auf ihrem Grund Eis gefunden wurde.

Der Merkur ist zwischen 4,4 und 12 Lichtminuten von uns entfernt.

Venus

Die Venusatmosphäre erscheint gelblich-weiß.

Die Venus kann am Abend- oder Morgenhimmel stehen. Sie wird deshalb auch Abend- oder Morgenstern genannt. In Wahrheit ist sie jedoch ein Planet, das heißt übersetzt „Wandelstern", denn wie alle Planeten wandert sie über den Sternenhimmel. Das unterscheidet Planeten von Sternen, die sich untereinander nicht bewegen.

Venus kommt der Erde näher als alle anderen Planeten. Sie kann heller leuchten als alle anderen Himmelskörper.

Wichtig zu wissen!

Raumsonden fanden etwa 1000 Vulkane auf der Venus. Einige Forscher vermuten, dass manche immer noch Lava spucken. Allerdings ist noch kein Venus-Vulkan dabei fotografiert worden. Immerhin haben die Sonden Schwefelgase in der Venusluft gemessen.

Unser Nachbarplanet Venus zeigt im Fernrohr Phasen wie unser Mond. Im Lauf mehrerer Monate kannst du die Venus als Sichel, als Halbvenus oder fast voll bewundern. Ihre Oberfläche bleibt jedoch unsichtbar – die Venus ist immer in dicke Wolken gehüllt. Die Temperaturen auf der Venus sind rekordverdächtig: 465 Grad Celsius! In der römischen Sagenwelt war Venus übrigens die Göttin der Liebe und der Schönheit.

Venus-Express-Sonde

Die Venus ist zwischen 2,2 und 14,4 Lichtminuten von uns entfernt.

Erde

Unser Heimatplanet

Lange dachten die Menschen, die Erde sei die Mitte des Weltalls. Doch Astronomen wie Kopernikus, Galilei und Kepler bewiesen, dass die Erde nur einer von mehreren Planeten ist. Heute sind acht Planeten bekannt, alle kreisen um die Sonne, jeder Planet auf seiner eigenen Umlaufbahn. Mit der Erde haben wir den besten Platz getroffen, wir halten so viel Abstand von der heißen Sonne, dass hier angenehme Temperaturen herrschen. Anders auf Venus und Merkur: Sie sind der Sonne näher und tagsüber höllische Glutöfen. Mars, Jupiter, Saturn, Uranus und Neptun sind dagegen weiter von der Sonne entfernt, deshalb ist es dort viel kälter.

Blick auf die Erde aus der ISS

Auf keinem Planeten außer der Erde gibt es Luft zum Atmen. Zwar hat der Mars eine dünne Marsluft, doch sie enthält keinen Sauerstoff. Der Merkur hat überhaupt keine Atmosphäre. Unsere einzigartige Erde müssen wir also pfleglich behandeln.

Wichtig zu wissen!

Wenn du nicht gerade im Meer schwimmst, dann bewegst du dich auf der festen Erdoberfläche. Auch die Mondoberfläche ist fest, Astronauten sind dort schließlich spazieren gegangen. Jupiter, Saturn, Uranus und Neptun haben jedoch keine festen Oberflächen, deshalb können dort keine Raumschiffe landen. Ihre Monde dagegen haben eine harte Kruste.

Erstaunlich!

Der geografische Nordpol und der magnetische Pol in der Arktis sind nicht an derselben Stelle, und der magnetische Pol ändert sich ständig. Zurzeit liegt er in Kanada und wandert jeden Tag beachtliche 90 Meter in Richtung Nord-Nordwest, das sind immerhin 30 Kilometer pro Jahr.

Weht der Sonnenwind stark, kann man das Magnetfeld der Erde sogar sehen, als bunte Polarlichter.

Wenn du einen Kompass hast, dann weißt du: Er zeigt immer nach Norden. Das liegt am Erdmagnetfeld. Dieses ist lebenswichtig, denn es hält die kosmische Strahlung von der Erde fern, auch den Sonnenwind. Das ist ein Strom aus geladenen Teilchen. Weht der Sonnenwind stark, können Satelliten und Funkverbindungen gestört werden. Ganz ohne Magnetfeld hätte sich niemals Leben auf der Erde entwickelt!

Jahreszeiten

Frühling

Sommer

Herbst

Winter

Du weißt sicher, dass die Erde sich in 24 Stunden um sich selbst dreht und in einem Jahr um die Sonne wandert. Woher kommen aber die Jahreszeiten? Die Achse, um die sich die Erde dreht, ist geneigt. Deutschland und Europa liegen auf der nördlichen Halbkugel der Erde. Wenn bei uns Winter ist, ist die Nordhalbkugel von der Sonne weggeneigt. Die Sonne steht tief und die Tage sind kurz – es ist kalt. Wenn dagegen die Nordhalbkugel Richtung Sonne geneigt ist, ist bei uns Sommer. Die Sonne steht dann höher am Himmel, die Tage sind länger und es ist warm. Ist bei uns Sommer, herrscht auf der Südhalbkugel Winter und umgekehrt.

Mach mit!

Ohne eine stabile geneigte Achse gäbe es keine Jahreszeiten. Im Frühjahr wandert der Punkt, an dem am Horizont die Sonne aufgeht, nach Norden. Er bewegt sich also nach Nordosten. Ähnliches gilt für den Punkt des Sonnenuntergangs, der wandert nach Nordwesten. Im Herbst wandern beide Punkte wieder zurück. Merke dir jeden Abend den Punkt des Sonnenuntergangs und beobachte, wie er sich langsam verschiebt!

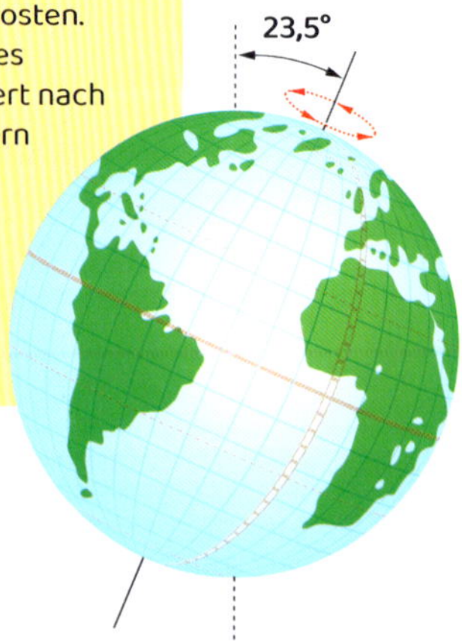

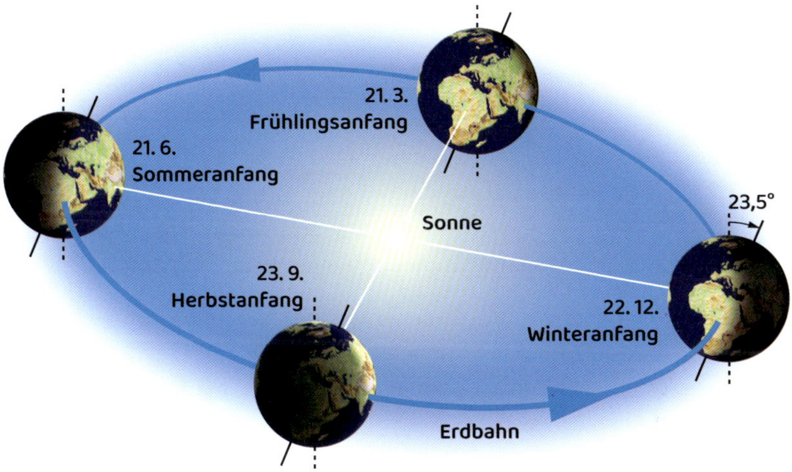

Auf der ganz linken Erdkugel kannst du sehen, warum die Sonne im Sommer in Europa hoch am Himmel steht: Die geneigte Erdachse „hält“ Europa sozusagen Richtung Sonne. Bei der rechten Erdkugel neigt sich Europa von der Sonne weg. Dadurch steht die Sonne sehr tief und die Sonnenstrahlen fallen schräg auf die Nordhalbkugel.

Wichtig zu wissen!

Andere Planeten haben keine so stabile Achse wie die Erde. Man nimmt an, dass unser recht großer Mond dazu beiträgt, dass die Erde im Raum nicht taumelt. Ohne den Mond gäbe es also keine regelmäßigen Jahreszeiten.

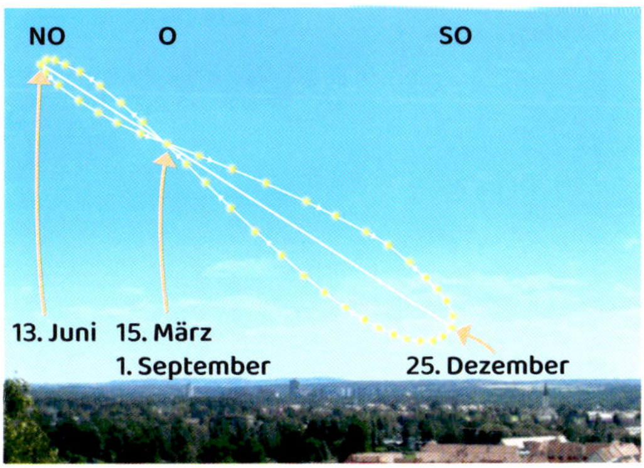

Wenn man die Sonne ein Jahr lang immer wieder zur selben Uhrzeit fotografiert, kommt ein solches Muster heraus, genannt Analemma.

Mars

Der Mars ist im Sonnensystem unser Nachbar. Wenn er der Erde besonders nah ist, kann man ihn die ganze Nacht lang beobachten. Er ist dann auch besonders hell. Das passiert alle 26 Monate, das nächste Mal Anfang Dezember 2022, wenn der Mars durch das Sternbild Stier wandert, und wieder Mitte Januar 2025, dann steht er schon im Sternbild Zwillinge. Doch auch in der Zwischenzeit bekommt man den Mars häufig zu sehen, du erkennst ihn an seinem roten Licht.

Der Rote Planet ist der Erde am ähnlichsten.

Wenn der Mars groß ist, steht er uns besonders nah.

Schau genau!

Am Marsnordpol kannst du durch ein mittleres Fernrohr einen hellen Fleck erkennen: die vereiste Polkappe. Du brauchst dazu die größte Vergrößerung. Wenn am Nordpol gerade Marswinter ist, ist die Kappe besonders groß. Am Südpol gibt es ebenfalls eine Eiskappe. Manchmal tauchen weißliche Flecken auf: Eiswolken, die viele Kilometer hoch über der Marsoberfläche stehen. Durchs Fernrohr siehst du außerdem helle und dunkle Flecken: Das sind Wüstenböden.

Der kleinste Abstand zwischen Mars und Erde beträgt 3,1 Lichtminuten.

Wichtig zu wissen!

Vulkankrater

Dutzende Raumsonden mit dem Ziel Mars wurden bislang gestartet. Einige flogen nur kurz vorbei, andere umkreisen den Roten Planeten. Aus der Umlaufbahn schicken sie viele neue Bilder. Manche sind so scharf, dass sie noch ein Kettcar auf der Oberfläche zeigen würden. Anderen Sonden gelang die Landung. Sechsmal schafften es sogar automatische Marsautos wohlbehalten zur Marsoberfläche (Seite 85).

Der Mars ähnelt der Erde stärker als alle anderen Planeten. Die dünne Marsluft enthält jedoch keinen Sauerstoff. Auf dem Mars gibt es auch Frühling, Sommer, Herbst und Winter. Doch nur an Sommertagen ist es auf dem Mars einigermaßen erträglich, weil der Planet weiter von der Sonne entfernt ist als unsere Erde. Eis findet man im Boden, Hinweise auf flüssiges Wasser gibt es schon.

Die Marsoberfläche ist durch die Sonden und Marsautos gut erforscht. Zum Beispiel fand man Spuren früherer Seen. Vor langer Zeit gab es dort also Wasser. Manche Wissenschaftler vermuten, dass sich damals auch Leben bildete. Konnte es an geschützten Orten bis heute durchhalten? Zukünftige Raumsonden oder Astronauten müssen das herausfinden.

Das Marsauto Perseverance machte Bilder im Jezero-Krater.

Der größte Abstand der Erde zum Mars beträgt 22,1 Lichtminuten.

Jupiter

Von allen Planeten ist der Jupiter der größte, er ist sogar 318-mal schwerer als die Erde! Dabei besteht er fast nur aus Gas, wie alle äußeren Planeten unseres Sonnensystems. Etwa alle 13 Monate sind sich Erde und Jupiter besonders nah, dann ist er die ganze Nacht zu sehen, zum Beispiel Ende September 2022 im Sternbild Fische, sowie Anfang November 2023 im Widder. Sein weißes Licht leuchtet sehr hell, Jupiter ist dadurch leicht zu finden. In der griechischen Götterwelt ist Jupiter der mächtigste Gott.

Schau genau!

Schon mit einem kleinen Fernrohr erkennst du auf dem Jupiter dunkle Streifen. Das sind Wolkenbänder nahe dem Jupiteräquator. Wer genau hinsieht, erkennt, dass Jupiters Form einer zusammengedrückten Apfelsine ähnelt. Die Forscher nennen das Abplattung. Durch ein Fernrohr zeigen sich schon in wenigen Stunden Veränderungen an Jupiters Wolken. Das liegt daran, dass sich der Planet in weniger als zehn Stunden einmal um sich selbst dreht. Die Erde braucht dafür immerhin 24 Stunden.

Der größte Planet im Sonnensystem ist Jupiter.

Jupiters Großer Roter Fleck ist ein riesiger Wirbelsturm, mehr als doppelt so groß wie unsere Erde. Doch anders als bei uns ist dieser Sturm nicht nach wenigen Tagen vorbei. Er wird seit Jahrhunderten beobachtet.

Der kleinste Abstand von uns zum Jupiter beträgt 32,7 Lichtminuten.

Der Jupiter hat 79 bekannte Monde. „Mond" ist nämlich nicht nur der Name unseres Erdmondes, sondern die allgemeine Bezeichnung für den Begleiter eines Planeten. Die vier hellsten Jupitermonde findest du mit einem Fernglas. Da sie den Planeten schnell umkreisen, wechseln sie täglich ihre Stellung. Besonders nah am Jupiter steht Io, er braucht weniger als zwei Tage für den kompletten Umlauf. Europa macht das in weniger als vier Tagen. Ganymed ist etwa sieben und Kallisto 17 Tage unterwegs. Ganymed ist der größte Mond im ganzen Sonnensystem.

Wichtig zu wissen!

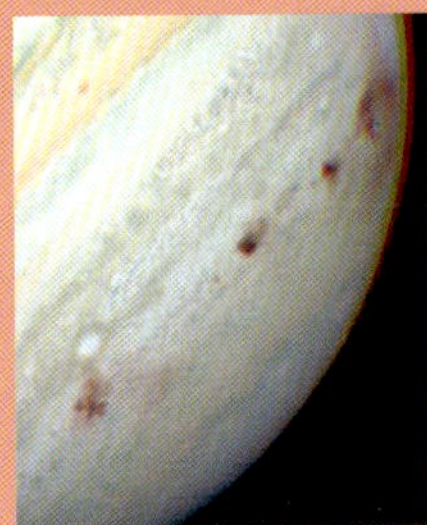

Im Jahr 1994 stürzte der Komet Shoemaker-Levy-9 auf den Jupiter. Astronomen hatten das vorausberechnet und konnten im richtigen Moment ihre Fernrohre auf den Jupiter richten. Die Bruchstücke des Kometen schlugen in Jupiters Atmosphäre ein. Die Galileo-Sonde, die gerade auf dem Weg zum Jupiter war, schoss spektakuläre Bilder.

Jupiter und sein Mond Io

Der Jupitermond Io ist etwa so groß wie unser Mond. Seine Oberfläche ist orange und gelb – Forscher haben sie deshalb mit einer Pizza verglichen. Das kommt vom vielen Schwefel, den die Vulkane auf Io ständig ausspucken. Diese Vulkane sind sehr aktiv und verändern die Mondoberfläche ständig. Der Mond Europa dagegen ist eine Eiswüste. Unter dem Eis befindet sich ein großer Salzwasser-Ozean.

Jupitermond Europa

Der größte Abstand der Erde zum Jupiter beträgt 53,7 Lichtminuten.

Saturn

Wenn der Saturn günstig steht, gehört er zu den hellsten Objekten am Himmel. Etwa alle 13 Monate ist er für einige Wochen die ganze Nacht zu beobachten. Er leuchtet dann gelblich wie ein heller Stern und ist mit bloßem Auge leicht zu finden. Um seinen Ring zu erkennen, brauchst du aber ein kleines Fernrohr.

Der sechste Planet ist der schönste: Er hat Ringe! Hier siehst du eine Amateuraufnahme.

Schau genau!

Die Ringe werfen einen dunklen Schatten auf den Saturn, den du durch das Fernrohr erkennen kannst. Der Planet selbst wirft wiederum Schatten auf die Ringe. Mit dem Fernrohr siehst du auch einige schwache Lichtpunkte, die um den Saturn herumwandern: Das sind seine hellsten Monde. Erst wieder 2023 wird man von der Erde aus genau auf die Kante der Ringe sehen. In dieser Zeit sieht man die Monde besonders gut.

Saturnringe

Die Saturnringe bestehen hauptsächlich aus kleinen Eisstücken und großen Eisbrocken. Manche Brocken sind so groß wie Hochhäuser. Diese Mischung umkreist den Planeten und bildet mehrere tausend Einzelringe. Wie diese Ringe entstanden? Möglicherweise wurde einst ein Saturnmond bei einem Zusammenstoß mit einem Asteroiden zerstört. Seine Bruchstücke verteilten sich in der Umlaufbahn des Planeten.

Der kleinste Abstand von uns zum Saturn beträgt 66,2 Lichtminuten.

Saturnmonde

Bisher wurden 82 Saturnmonde gefunden, der hellste ist Titan. In besonders klaren Nächten kannst du durch das Fernrohr weitere erkennen: Davon ist Rhea am besten zu sehen, er steht dem Saturn meist näher als Titan und umkreist ihn in rund vier Tagen. Die Monde Dione, Tethys und Iapetus lässt du dir am besten in einer Sternwarte zeigen. Der kleine Mond Enceladus spuckt Eiskristalle ins Weltall, die einen eigenen Ring bilden.

Wichtig zu wissen!

Die Raumsonde Cassini war sieben Jahre unterwegs, bis sie 2004 den Saturn erreichte. Ihre Bilder zeigen zum Beispiel, dass dort starke Stürme toben. Dann rasen die Saturnwolken schneller als ein Formel-1-Rennwagen. Im Januar 2005 landete die Huygens-Sonde auf Titan. Sie war gemeinsam mit Cassini gestartet und huckepack an ihr Ziel gelangt. Erstmals gab es Fotos aus dieser fernen Welt.

Oberfläche des Titan

Titan ist zwar ein Mond, doch er ist so groß wie ein Planet und nach dem Jupitermond Ganymed der zweitgrößte Mond im Sonnensystem. Er umkreist in 16 Tagen den Saturn und ist der einzige Mond mit einer Atmosphäre. Diese enthält hauptsächlich Stickstoff, genau wie die Luft der Erde. Doch Sauerstoff gibt es nicht. Da Titan viel weiter von der Sonne entfernt ist als die Erde, ist dort alles Wasser gefroren. Es ist sogar so kalt, dass einige Gase flüssig werden. Die Raumsonde Cassini hat auf Titan ganze Seen aus flüssigem Gas entdeckt.

Der größte Abstand der Erde zum Saturn beträgt 92,1 Lichtminuten.

Uranus und Neptun

Diese beiden Planeten wurden erst mit Fernrohren entdeckt, anders als die bisher besprochenen Planeten. Der Uranus kann zwar gerade noch mit bloßem Auge ausgemacht werden, doch er ist sehr unauffällig. Um ihn zu finden, brauchst du eine aktuelle Aufsuchkarte, wie sie in astronomischen Kalendern abgedruckt ist. Das Gleiche gilt für den Neptun. Besser beobachtest du Uranus gleich im Fernglas, für Neptun musst du ein kleines Fernrohr zu Hilfe nehmen.

Uranus

Schau genau!

Etwa einmal pro Jahr ist Uranus die ganze Nacht lang sichtbar. Anfang November 2022 ist das wieder der Fall, er steht dann im Sternbild Widder. Ab Mitte November 2023 ist er dort wieder zu sehen. Wenn du ihn aufgespürt hast, kannst du mit dem Fernglas seine grünbläuliche Farbe erkennen. Jedes Jahr ist er 3 bis 4 Tage später gut zu sehen. Neptun kann man nicht mit bloßem Auge sehen. Er steht Mitte September 2022 in den Fischen und bleibt in diesem Sternbild bis 2040. Jedes Jahr kann man ihn 2 Tage später gut beobachten.

Beide Planeten sind sehr weit von der Sonne entfernt. Ihr Weg um die Sonne ist deshalb viel länger als der unserer Erde: Uranus braucht 84 Jahre, Neptun fast 165 Jahre für eine einzige Umkreisung der Sonne. Unsere Erde schafft das in einem Jahr.

Der kleinste Abstand von uns zum Uranus beträgt 143 Lichtminuten, zum Neptun sind es etwa 239 Lichtminuten.

Beide Gasriesen haben Ringe und werden von Monden begleitet: Uranus hat 27 bekannte kleine Monde, bei Neptun sind es 14. Der größte Neptunmond ist Triton, er ist in vielerlei Hinsicht besonders: Triton ist größer als der Zwergplanet Pluto (Seite 60). Er umkreist Neptun in entgegengesetzter Richtung, also gegen dessen Eigendrehung, was ungewöhnlich ist. Astronomen vermuten, dass er ein Körper aus dem Kuiper-Gürtel ist, der von der Schwerkraft Neptuns eingefangen wurde.

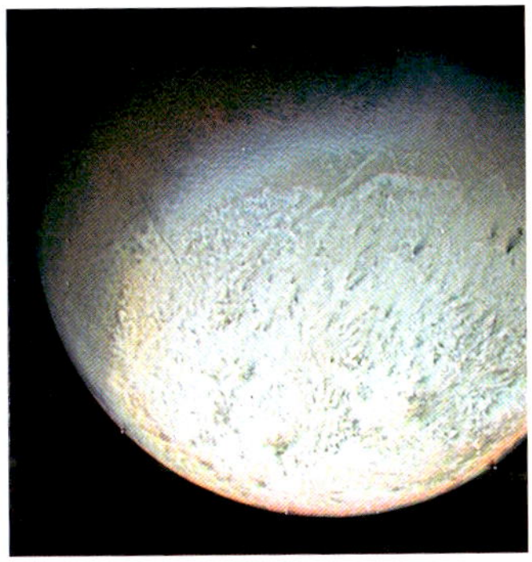

Neptunmond Triton

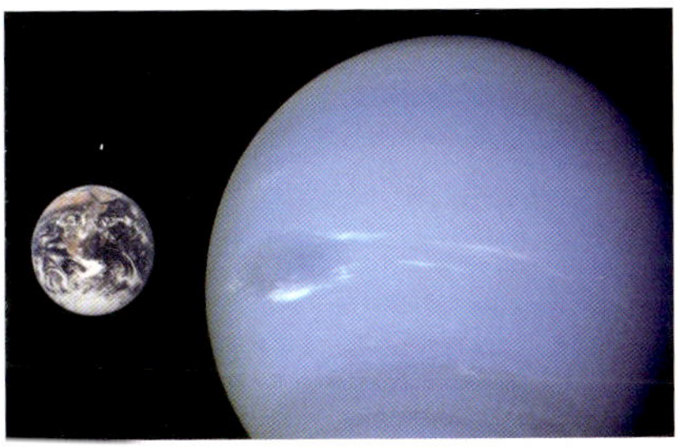

Größenvergleich Erde und Neptun

Die Raumsonde Voyager 2 besuchte 1986 Uranus und drei Jahre später Neptun. Damals fand die Sonde bei Uranus kaum Anzeichen für Wolken oder Stürme. Bei Neptun entdeckte sie hingegen Windgeschwindigkeiten von über 2 000 Kilometern pro Stunde. So weit entfernt von der Sonne hatte niemand heftiges Wetter erwartet. Die Forscher vermuten, dass eine starke innere Wärmequelle des Neptun dafür verantwortlich ist.

Erstaunlich!

Neptun war der erste Planet, der aufgrund von mathematischen Berechnungen entdeckt wurde, und zwar durch Johann Gottfried Galle im Jahr 1846 an der Neuen Berliner Sternwarte (heute Berlin Kreuzberg). Zwar hatten schon Galileo Galilei und andere Neptun beobachtet, ihn jedoch für einen Stern gehalten. Berechnungen der Bahnstörungen des Uranus führten schließlich zu seiner Entdeckung.

Der größte Abstand von der Erde zum Uranus beträgt 15 und zum Neptun 261 Lichtminuten.

Pluto und der Kuiper-Gürtel

Hinter dem Neptun beginnt der Kuiper-Gürtel. Seit 1992 finden die Forscher immer mehr Kuiper-Objekte. Manche sind geformt wie Kartoffeln, größere sind kugelförmig – fast wie richtige Planeten. Bisher wurden etwa 2 000 Objekte entdeckt, viele sind noch unbekannt. Pluto ist das größte und bekannteste Kuiper-Objekt.

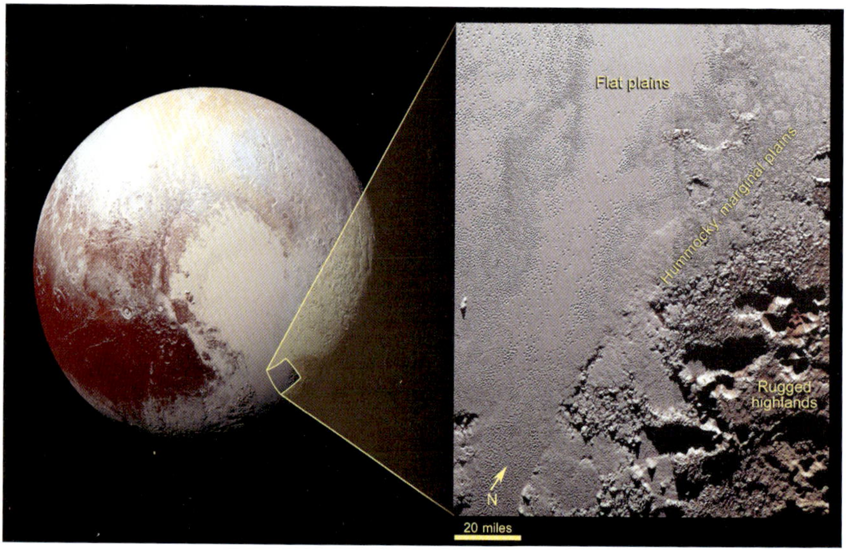

Am Rand einer Eis-Ebene auf Pluto erhebt sich ein Gebirge.

Pluto gilt seit 2006 als „Zwergplanet". Er hat fünf Monde, wobei der größte Mond Charon mehr als halb so groß wie Pluto selbst ist. Die weiteren Monde sind deutlich kleiner und heißen Nix, Hydra, Kerberos und Styx.

Der kleinste Abstand zwischen Erde und Pluto beträgt 238 Lichtminuten.

Erstaunlich!

Den Namen „Pluto" für den 1930 entdeckten Planeten hatte eine elfjährige Engländerin vorgeschlagen, Venetia Burney. Sie dachte dabei an den Gott der Unterwelt aus den antiken griechischen Sagen, der sich unsichtbar machen konnte. Ihr Großvater war Bibliothekar an der Universität Oxford und hatte die nötigen Kontakte, um den Vorschlag weiterzuleiten. Der Disney-Hund Pluto wurde übrigens Monate später nach dem Planeten benannt, nicht umgekehrt!

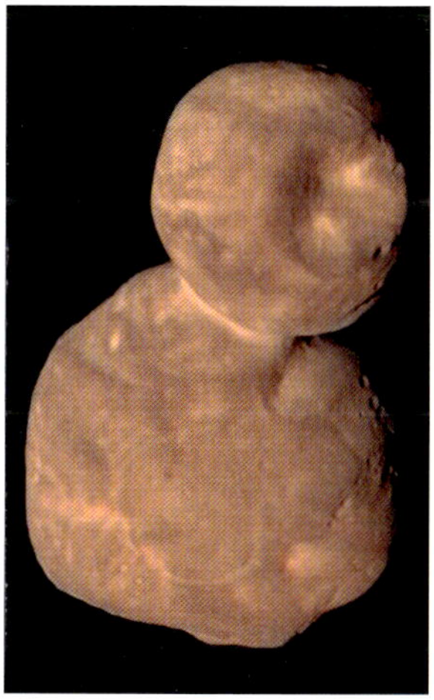

Arrokoth wurde von New Horizons fotografiert.

New Horizons ist die erste Pluto-Sonde überhaupt. Sie flog 2015 an Pluto und allen seinen Monden vorbei und machte viele Fotos der ganzen Pluto-Familie. Sie schoss auch Bilder von Arrokoth, einem weiteren Kuiper-Objekt. Damit ist Arrokoth das erdfernste Objekt, das je von einer Sonde aus der Nähe fotografiert wurde.

Raumsonde New Horizons vor dem Start. Sie besuchte Pluto, seine Monde und weitere Objekte des Kuiper-Gürtels.

Der größte Abstand zwischen Erde und Pluto beträgt 418 Lichtminuten.

Asteroiden und Meteorite

Asteroiden nennt man kleine Planeten, die noch kleiner sind als Zwergplaneten. Zwischen Mars und Jupiter umkreisen besonders viele von ihnen die Sonne. Sie bestehen größtenteils aus Gestein. Beobachten kann man sie nur mit einem Fernglas oder einem Fernrohr. Zusätzlich braucht man aktuelle Aufsuchkarten. Der hellste Asteroid ist Vesta (Seite 64).

Asteroid Itokawa

Asteroiden können zum Beispiel bei Zusammenstößen mit anderen Himmelskörpern zerbrechen. Wenn solche Weltraumsteine auf die Erde fallen, nennt man sie Meteorite. Bei ihrem Flug durch die Erdatmosphäre werden sie stark abgebremst. Bei diesem Vorgang erhitzen sie sich. Man kann dann am Himmel eine Leuchterscheinung sehen. Jedes Jahr werden tausende Meteorite gefunden, seltene Exemplare sind richtig wertvoll.

Ein Steinmeteorit (links) und ein Eisenmeteorit im Vergleich. Der Steinmeteorit wurde in Marokko gefunden, der Eisenmeteorit in Argentinien.

Der Asteroid Apophis wird sich uns 2029 bis auf 31 000 Kilometer nähern …

Die allermeisten Meteorite, die auf die Erde fallen, sind Steinmeteorite. Hierbei kann es sich um sehr altes Material aus der Frühzeit des Sonnensystems handeln. Doch auch Bruchstücke von unserem Mond, vom Mars und von Vesta sind schon gefunden worden. Eisenmeteorite stammen aus dem Eisenkern eines größeren Körpers, der durch einen Zusammenstoß zerstört wurde.

Wichtig zu wissen!

Am 15. Februar 2013 schlug im russischen Bezirk Tscheljabinsk ein Meteorit ein: Er hatte einen Durchmesser von ungefähr 20 Metern und wog über 10 000 Tonnen. Etwa 1 500 Personen wurden bei dem Einschlag verletzt. Zuerst sahen die Menschen eine helle Leuchterscheinung am Morgenhimmel und rannten zu den Fenstern. Als kurz darauf eine heftige Druckwelle die Fensterscheiben bersten ließ, wurden viele Zuschauer durch Glassplitter verletzt. Der Meteorit explodierte in der Erdatmosphäre und so entstand die Druckwelle.

Eine besondere Gruppe sind die sogenannten kohligen Chondrite. Sie enthalten Kohlenstoff, der in chemische Verbindungen eingebaut ist, die auch bei uns Lebewesen vorkommen. Deshalb ist diese Gruppe für Astrobiologen hochinteressant. Sie gehen der Frage nach, ob das Leben aus dem Weltall zur Erde kam.

Meteorit, gefunden in Libyen

… das entspricht einem Abstand von nur einer Zehntel-Lichtsekunde!

Ceres und Vesta

Die Raumsonde Dawn besuchte 2011 den Asteroiden Vesta und erreichte 2015 den Zwergplaneten Ceres. Vesta hat eine unregelmäßige runde Form, deshalb schwankt sein Durchmesser um die 500 Kilometer. Seine Oberfläche ist von Kratern übersät. Offensichtlich musste Vesta auch viele Kollisionen mit großen Körpern überstehen: Der Krater Rheasilvia, den Dawn fotografierte, hat einen Durchmesser von immerhin 450 Kilometern! Vesta wird manchmal als der kleinste „terrestrische Planet" bezeichnet, weil er einen ähnlichen inneren Aufbau hat wie die Erde: Metallkern, Mantel und Kruste.

Zwergplanet Ceres

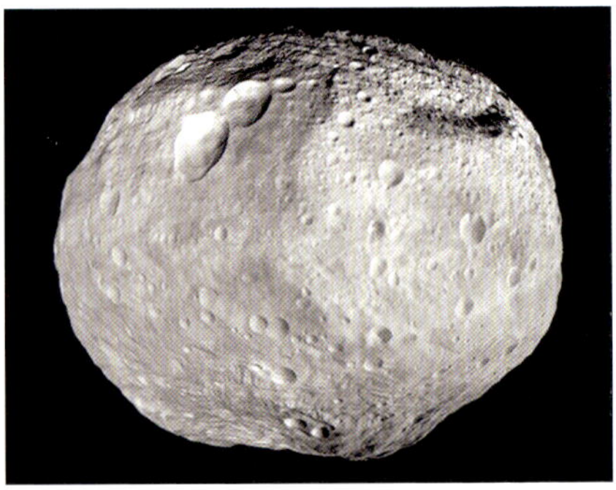

Asteroid Vesta

Ceres ist mit ungefähr 900 Kilometer Durchmesser das größte Objekt des sogenannten Asteroidengürtels und der kleinste bekannte Zwergplanet. Die Forscher wissen schon länger, dass Ceres viel Eis enthält und damit völlig anders aufgebaut ist als Vesta. Auf Ceres untersuchte Dawn die hellen Flecken. Dawn konnte sogar einen hellen Nebel ablichten. Forscher vermuten, dass sich unter der Oberfläche ein gefrorener Salzwasserozean verbirgt. An einzelnen Stellen verdampft das Eis, danach bleibt dort helles Salz zurück.

Kometen

Immer wieder tauchen überraschend Kometen am Himmel auf. Sie sind Brocken aus Eis, Staub und Steinen, die um die Sonne kreisen. Die meiste Zeit sind sie recht unauffällig. Wenn ein Kometenkern sich jedoch der Sonne nähert, schießen durch die Sonnenwärme ganze Fontänen aus Gas und Staub aus ihm heraus: Ein Kometenschweif entsteht, er reicht meist weit hinaus ins Weltall. Deshalb nennt man Kometen auch Schweifsterne.

Schau genau!

Jedes Jahr in den Tagen um den 12. August sind besonders viele Sternschnuppen zu sehen. Es scheint so, als würden die Schnuppen aus dem Sternbild Perseus kommen, deshalb nennt man sie Perseiden. Warum passiert das immer im August? Unsere Erde kreuzt zu diesem Zeitpunkt die Bahn des Kometen Swift-Tuttle, der die Sonne innerhalb von 133 Jahren umkreist. Auf seiner Bahn haben sich viele Staubkörner angesammelt. Wenn dieser Staub in unsere Lufthülle eindringt, verglüht er – und wir sehen Sternschnuppen!

Mitarbeiter der ESO in Chile bewundern den Kometen McNaught 2007.

Berühmt ist der Halleysche Komet. Alle 76 Jahre kommt er in die Nähe der Sonne, zuletzt war das 1986. Damals flogen mehrere Raumsonden dem Kometen entgegen. Die europäische Sonde Giotto schoss als erste ein Foto von seinem Kern. Astronomen gehen davon aus, dass sich der Halleysche Komet ab dem Jahr 2061 wieder zeigen wird.

Doppelsterne

Mizar A und B im Großen Wagen (S. 12)

Ungefähr die Hälfte aller Sterne hat einen zweiten Stern als Begleiter, manchmal sogar mehr als einen. Oft sind sie schon gemeinsam entstanden, manche haben mit ihrer Schwerkraft später einen anderen Stern „eingefangen". Aber nur Sterne, die sich umkreisen, sind „echte" Doppelsterne! Sterne, die für uns scheinbar nahe beieinanderstehen, können in Wirklichkeit viele Lichtjahre voneinander entfernt sein.

Doppelstern Albireo im Schwan

Schau genau!

Gut zu beobachten sind der Doppelstern Albireo im Schwan und der Stern Epsilon Lyrae in der Leier, der aus vier Einzelsternen besteht (Seite 26 und 27). Im Stier (Seite 24) kannst du die beiden Sterne von Omikron mit bloßem Auge trennen, für Gamma im Sternbild Andromeda (Seite 15) brauchst du ein kleines Fernrohr. Dann wirst du mit einem orangefarbenen Hauptstern und einem bläulichen Begleiter belohnt.

Wenn zwei Sterne einander umkreisen, kommt es vor, dass einer hinter dem anderen verschwindet. Man nennt diese Sterne auch „bedeckungsveränderliche Sterne". Der bekannteste ist Algol im Perseus (Seite 17). Er ändert seine Helligkeit alle drei Tage: Immer wenn der dunklere Stern sich vor den helleren schiebt, erscheint Algol dunkler.

Albireo ist 390 Lichtjahre von uns entfernt.

Veränderliche Sterne

Es gibt auch andere Arten veränderlicher Sterne. Einer von ihnen ist Mira im Sternbild Walfisch; der Walfisch steht links neben dem Sternbild Fische (Seite 97). Mira ist ein gewaltiger Roter Riese, viel größer als unsere Sonne. Manchmal ist er auffällig hell, dann wieder so dunkel, dass er nur durch das Fernrohr zu sehen ist. Mira wurde vor über 400 Jahren entdeckt, doch erst im Jahr 2006 fanden die Astronomen heraus, dass Mira einen Schweif hat, der ähnlich aussieht wie ein Komet. Bis heute ist unklar, warum Mira seine Helligkeit so stark ändert.

Oben: Der Weiße Zwerg Mira B saugt ständig Materie von dem Roten Riesen Mira A ab (Zeichnung). Unten: Die beiden Sterne senden Röntgenstrahlen aus, die man mit einem Röntgenteleskop einfangen kann.

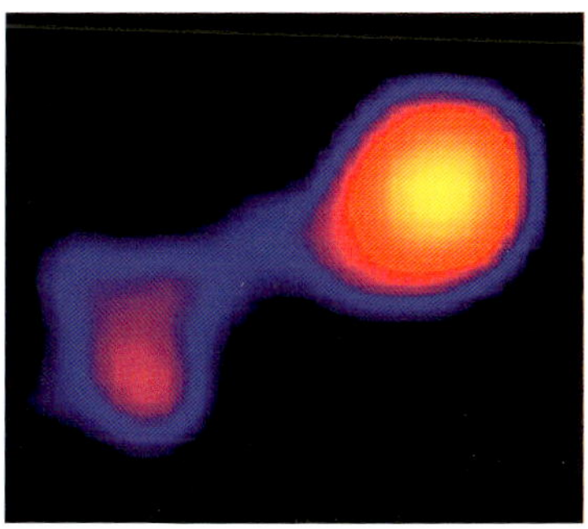

Der eher unscheinbare Stern Cor Caroli in den Jagdhunden, einem dunklen Sternbild unterhalb der Deichsel des Großen Wagens, hat es in sich: Sein starkes Magnetfeld sorgt dafür, dass auf seiner Oberfläche immer wieder große dunkle Flecken auftauchen. Deshalb ändert er seine Helligkeit. Diese Effekte kann man leider nur mit einer Profiausrüstung beobachten.

Mira ist ungefähr 300 Lichtjahre von uns entfernt.

Sternhaufen und Nebel

Offener Sternhaufen NGC 290

Neue Sterne entstehen innerhalb großer Gas- und Staubmassen. Sie bilden sich meist in Gruppen, beobachten können wir dann „offene Sternhaufen“. Diese sind nicht sehr stabil und verlieren in Millionen Jahren viele Sterne. Der bekannteste Sternhaufen sind die Plejaden im Sternbild Stier (Seite 25). Auch im Orionnebel gibt es Regionen, in denen Sterne entstehen (Seite 18).

Eine andere Sorte Sternhaufen nennt sich Kugelsternhaufen. Sie enthalten viel mehr Sterne und sind in der Regel ziemlich stabil. Ihre Sterne sind sehr alt und weit von uns entfernt. Sie umgeben die Milchstraße wie eine Wolke.

Kugel-
sternhaufen M 13

Schau genau!

Es gibt jede Menge „Nebel“ aus Gas und Staub, die du beobachten kannst. Manche dieser Nebel leuchten selbst, angeregt durch einen heißen Stern, zum Beispiel der Orionnebel. Andere spiegeln das Licht naher Sterne, wie etwa die Plejaden (Seite 25). Wieder andere bestehen aus der abgestoßenen Gashülle eines heißen Sterns, wie der Ringnebel M 57 in der Leier (Seite 27).

Die Plejaden sind 380 Lichtjahre von uns entfernt.

Der Krebsnebel im Sternbild Stier (Seite 24) ist der Überrest einer Supernova-Explosion aus dem Jahr 1054. Astronomen in China und Flandern konnten sie sogar am Tageshimmel sehen und hinterließen Aufzeichnungen über ihre Beobachtungen. Insgesamt sind 13 historische Dokumente bekannt, in denen diese Sternexplosion beschrieben wird.

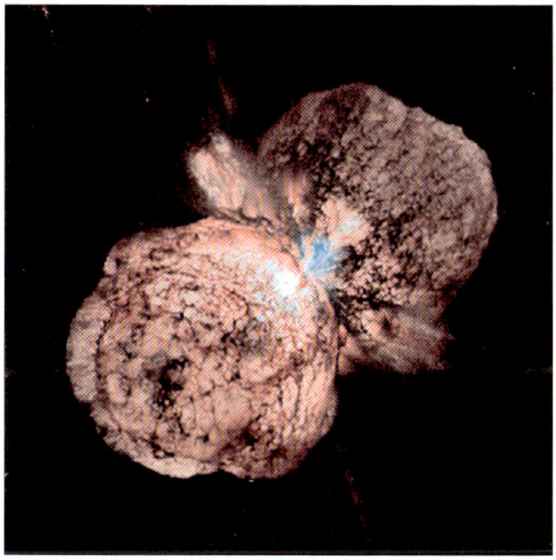

Homunkulusnebel um den Stern Eta Carina

Dunkelwolken wie der Pferdekopfnebel verdecken das Licht der Sterne, die aus unserer Sicht „dahinter" liegen. Aufgepasst: Galaxien und Nebel sehen durch das Fernglas oder Fernrohr zum Verwechseln ähnlich aus, sind aber völlig unterschiedliche Objekte.

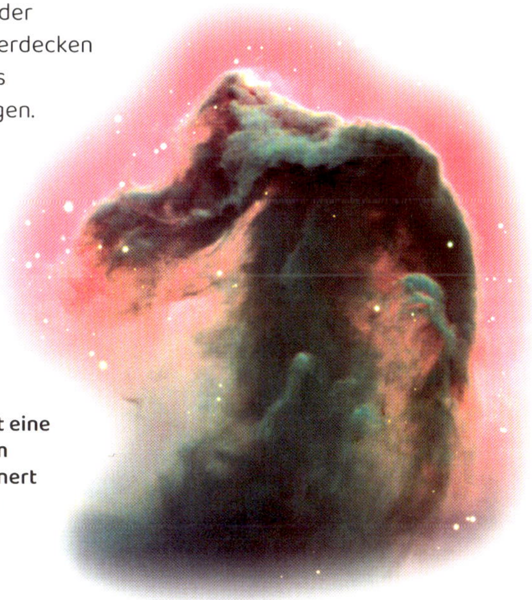

Der Pferdekopfnebel ist eine Dunkelwolke aus kaltem Gas und Staub und erinnert in seiner Form an einen Pferdekopf.

Der Pferdekopfnebel ist 1500 Lichtjahre von uns entfernt.

Milchstraße

Im Sommer und Herbst kannst du das neblige Band der Milchstraße besonders gut beobachten, zum Beispiel in den Sternbildern Schwan (Seite 26), Kassiopeia (Seite 14) und Perseus (Seite 17). Wenn du im Süden Urlaub machst, findest du es auch in den Sternbildern Schütze (Seite 36) und Skorpion (Seite 35). Auf jeden Fall brauchst du eine dunkle Beobachtungsstelle, am besten außerhalb der Stadt, vielleicht in den Bergen oder am Meer.

Unsere Heimatgalaxie sieht aus wie ein helles Band.

Die meisten Sterne gehören zu großen Gebilden, die wie eine Spirale aussehen können: zu Galaxien. Unsere Heimatgalaxie ist die Milchstraße. Mit der Sonne und allen unseren Planeten sitzen wir mitten in einem Spiralarm. Deshalb können wir die Spirale der Milchstraße nicht erkennen. Alle Sterne oder Nebel, die du mit bloßem Auge beobachten kannst, gehören zur Milchstraße, mit Ausnahme des Andromedanebels M 31 (Seite 15).

Unsere Sonne ist vom Zentrum der Milchstraße 26 000 Lichtjahre entfernt.

Die Milchstraße ist riesig: Das Licht braucht über hunderttausend Jahre, um von einem Ende zum anderen zu gelangen. Wie alle anderen Sterne umkreist unsere Sonne die Mitte der Spirale. Doch weil die Entfernung zur Mitte so gewaltig ist, dauert es 250 Millionen Jahre, bis wir einmal herum sind!

Wichtig zu wissen!

Allein unsere Galaxie hat Milliarden Sterne. Fast alle sind für das bloße Auge unsichtbar. Denn bei sehr guter Sicht sind am gesamten Nachthimmel nur etwa 3 500 Sterne zu erkennen. Woran liegt das? Die allermeisten Sterne sind viel zu weit entfernt, um sie ohne Fernrohr zu sehen.

Die Milchstraße enthält geschätzte 300 Milliarden Sterne. Astronomen gehen heute davon aus, dass viele dieser Sterne von Planeten begleitet werden (Seite 78). Die Sterne und Planetensysteme umkreisen das Zentrum der Milchstraße, wo sich ein riesiges schwarzes Loch befindet. Es ist schwerer als vier Millionen Sonnenmassen. Mehr über schwarze Löcher erfährst du auf Seite 76.

Erstaunlich!

Es gibt Sterne, die durch gewaltige Ereignisse aus ihrer Bahn geschleudert wurden und jetzt quer durch die Milchstraße rasen. Welche Ereignisse das sein könnten, weiß man nicht genau. Der erste dieser Ausreißer wurde 2005 entdeckt: Er ist ungefähr 700 Kilometer pro Sekunde schnell, das sind mehr als zwei Millionen Kilometer in der Stunde! Damit ist er sogar schnell genug, um eines Tages die Milchstraße zu verlassen.

Unsere Milchstraße hat einen Durchmesser von 105 700 Lichtjahren.

Galaxien

Eine Galaxie ist eine Ansammlung von vielen Sternen, Planetensystemen und Gasnebeln, die alle durch ihre Schwerkraft zusammengehalten werden. Außerdem bestehen sie aus Gas, Staub und vermutlich Dunkler Materie (Seite 77). Galaxien bilden oft Gruppen oder Haufen, die Milchstraße zum Beispiel gehört zusammen mit dem Andromedanebel und weiteren kleinen Galaxien zu der sogenannten „Lokalen Gruppe". Nach Schätzungen, die sich auf die Ergebnisse des Hubble-Weltraumteleskops stützen, können mit heutiger Technik bis zu 100 Milliarden Galaxien beobachtet werden.

Wichtig zu wissen!

Unsere Milchstraße und der Andromedanebel M 31 sind die schwersten Galaxien ihrer Gruppe. Doch manchmal geraten Nachbarn aneinander. Astronomen haben berechnet: In einigen Milliarden Jahren werden Milchstraße und M 31 zusammenstoßen! Das wird beide Galaxien ihre schöne Spiralform kosten.

Galaxien im Zusammenstoß: NGC 2207 und IC 2163 im Sternbild Großer Hund

Die Andromedagalaxie im Infrarotlicht

Mit bloßem Auge ist die einzige fremde Galaxie, die man sehen kann, der Andromedanebel M 31 (Seite 15). Der amerikanische Astronom Edwin Hubble erkannte 1923, dass dieser Nebel aufgrund seiner Entfernung von ungefähr 2,5 Millionen Lichtjahren nicht zur Milchstraße gehört.

Von Hubble stammen auch die Bezeichnungen der verschiedenen Galaxietypen: Alle Bezeichnungen, die mit E beginnen, bedeuten elliptische Galaxien, sie sind also mehr oder weniger eiförmig. Steht ein S am Anfang, handelt es sich um eine Spiralgalaxie, steht dort SB, hat man es mit einer Balkenspiralgalaxie zu tun; unsere Milchstraße ist ein solcher SB-Typ.

Galaxietypen nach Edwin Hubble

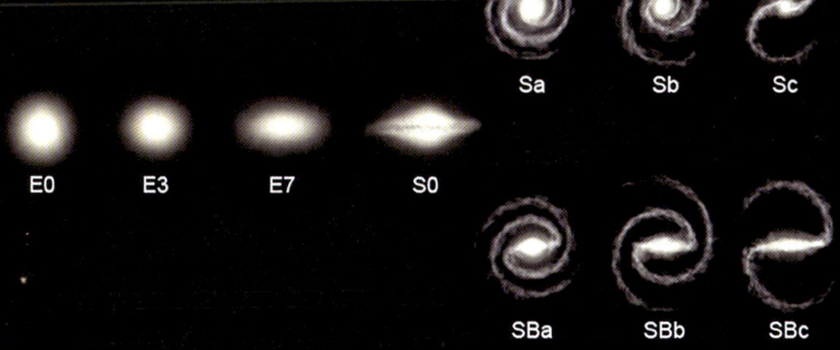

Die Andromedagalaxie ist 2,5 Millionen Lichtjahre von uns entfernt.

Das Leben der Sterne

Auch Sterne werden geboren, haben eine gewisse Lebenszeit und am Ende sterben sie. Sterne entstehen in großen Gas- und Staubwolken. Unsere Sonne ist ein mittelgroßer Stern, der seine Energie aus der Verschmelzung von Wasserstoff zu Helium gewinnt. Wenn in Milliarden Jahren ihr Wasserstoff verbraucht ist, wird sie sich zu einem Roten Riesen aufblähen. Als Nächstes wird sie ihre äußeren Gasschichten abwerfen. Am Ende schrumpft sie zu einem Weißen Zwerg und ist dann nur noch ungefähr so groß wie die Erde.

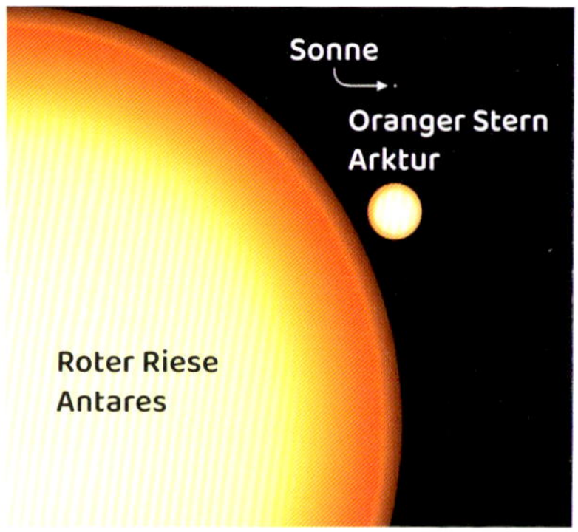

Antares, der Hauptstern im Skorpion, ist ein Roter Riese und 700-mal größer als unsere Sonne.

Schau genau!

Viele der hellsten Sterne sind Rote Riesen: Aldebaran im Stier, Arktur im Sternbild Bootes, Antares im Skorpion oder Rigel und Beteigeuze im Orion. Enif, der hellste Stern im Sternbild Pegasus, ist ein orangeroter Überriese. Weiße Zwerge sind schwerer zu sehen, man weiß aber, dass zum Beispiel die Hauptsterne von Großem und Kleinem Hund, Sirius und Prokyon, beide Doppelsterne sind mit jeweils einem Weißen Zwerg.

Sterne mit einer größeren Masse als die Sonne sterben in einer Supernova-Explosion. Am Lebensende solcher Sterne fangen verschiedene Atome an zu verschmelzen, das Ergebnis ist eine gigantische Explosion. Der Überrest des gewaltigen Spektakels ist ein Neutronenstern, ein extrem dichter Stern. Dieser kann rotieren und dabei natürliche Radiosignale aussenden, dann heißt er Pulsar.

Erstaunlich!

In einer längst vergangenen Supernova-Explosion sind viele Elemente entstanden, aus denen auch unser Körper aufgebaut ist, so das Kalzium deiner Knochen oder das Eisen deiner Blutkörperchen! Forscher nehmen an, dass es direkt nach dem Urknall nur sogenannte leichte Elemente gab. Alle Elemente, die schwerer als Lithium sind, konnten erst entstehen, nachdem die Sterne der ersten Generation explodiert waren. Unsere Sonne, unsere Erde und die anderen Planeten gehören zu einer späteren Generation. „Wir alle sind aus Sternenstaub", eine Liedzeile der Gruppe Ich+Ich, trifft also zu.

Kleine Sterne unterhalb von 13 Jupitermassen erreichen in ihrem Innern zwar keine Wasserstofffusion, aber es kommt immerhin zu einer Lithium- und Deuteriumfusion, Deuterium ist schwerer Wasserstoff. Diese Sterne nennt man Braune Zwerge. Etwas größere Sterne mit einer Masse ab 7,5 Prozent der Sonnenmasse schaffen zwar schon eine Wasserstofffusion, aber durch die geringe Masse läuft sie langsam ab: Diese Sterne sind leuchtschwach. Die Obergrenze dieses Typs liegt bei ungefähr einer halben Sonnenmasse, solche Sterne nennt man Rote Zwerge. Man nimmt an, dass drei Viertel aller Sterne solche Roten Zwerge sind. Mit bloßem Auge ist keiner davon zu sehen.

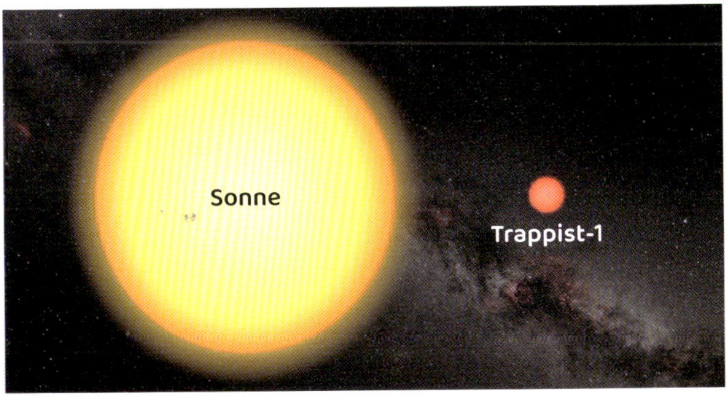

Der Rote Zwerg Trappist-1 ist ungefähr 40 Lichtjahre von der Erde entfernt. Ihn umkreisen laut NASA sieben Planeten.

Schwarze Löcher und Gravitationswellen

Jeder Gegenstand auf der Erde fällt nach unten, egal, ob es sich um einen Regentropfen, einen Apfel oder einen Bleistift handelt. Das ist eine Folge der Schwerkraft, auch Gravitation genannt. Sie ist auch der Grund, weshalb du und alles andere auf der Erde nicht einfach ins All abheben, sondern auf dem Erdboden bleiben. Die Gravitation ist eine Kraft, die umso stärker wirkt, je größer die beteiligten Massen sind. Sie sorgt auch dafür, dass Planeten um die Sonne kreisen und die Sonne um das Zentrum der Milchstraße. Die kleinere Masse wird dabei auf eine Umlaufbahn um die größere gezwungen.

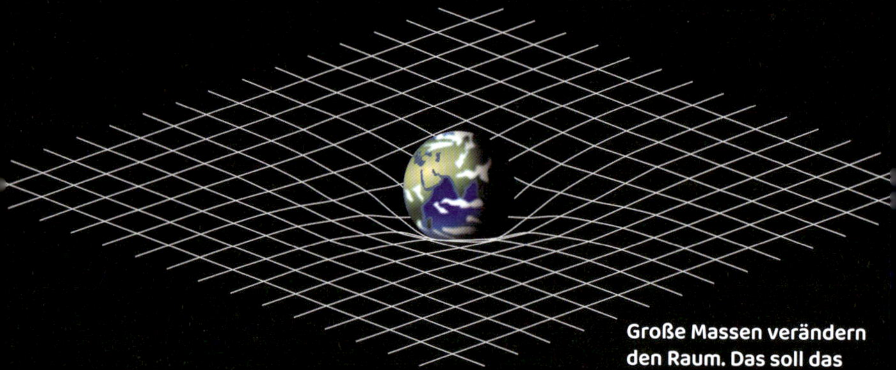

Große Massen verändern den Raum. Das soll das Gitter veranschaulichen.

Auch innerhalb eines Sterns gibt es Gravitationskräfte. Sie bewirken, dass der Stern dichter und kleiner wird, denn die Massen des Sterns ziehen sich gegenseitig an. Es gibt jedoch andere Kräfte, die in die umgekehrte Richtung wirken, sonst würden alle Sterne in sich zusammenfallen. Besonders große Sterne, die schwerer sind als ungefähr 25 Sonnenmassen, fallen nach einer Supernova-Explosion tatsächlich in sich zusammen und bilden ein sogenanntes schwarzes Loch.

Schwarze Löcher sind keine echten Löcher, das ist nur ein Name. Es sind Stellen im Weltall, an denen die Materie so dicht ist, dass sie durch ihre Gravitation jedes Licht stark anziehen und „verschlucken". Deshalb kann man diese mächtigen Gebilde nicht sehen oder fotografieren. Sie sind eben „schwarz". Man sieht nur ihre Wirkung auf andere Körper oder ihre Strahlung. Im Zentrum vieler Galaxien gibt es riesige schwarze Löcher, so auch in unserer Milchstraße.

Das erste Bild eines schwarzen Lochs, in der Galaxie M 87 im Sternbild Jungfrau

Das Verschmelzen zweier schwarzer Löcher gehört zu den gewaltigsten Ereignissen im Kosmos. Ein solches Ereignis ist im September 2015 von Messgeräten für Gravitationswellen in den USA aufgezeichnet worden. Jahrzehntelang suchten Forscher nach diesen geheimnisvollen Wellen, die den Raum durch ihre Anziehungskraft dehnen und stauchen; sie waren von Albert Einstein 1915 in seiner Relativitätstheorie vorhergesagt worden. Die Veränderung eines Gegenstands, wenn eine Gravitationswelle durch ihn hindurchgeht, ist jedoch so gering, dass wir sie erst mit heutigen Messgeräten nachweisen können.

Erstaunlich!

Weltraumforscher gehen davon aus, dass die Materie, die wir kennen, nur knapp fünf Prozent des Kosmos ausmacht – also Sterne, Planeten, Menschen, Tiere, Pflanzen, aber auch Galaxien. Fast 27 Prozent bestehen dagegen aus Dunkler Materie (nicht zu verwechseln mit schwarzen Löchern), deren Wirkung man zwar beobachten kann, die aber noch niemand direkt gemessen hat. Die restlichen rund 68 Prozent sollen eine „Dunkle Energie" sein, die ebenfalls noch nie gemessen wurde.

Exoplaneten

Über Jahrtausende waren nur die Planeten unseres Sonnensystems bekannt, doch seit 1995 werden jede Menge Planeten um andere Sterne entdeckt: Bislang sind über 5 000 „extrasolare Planeten" gefunden worden, also Planeten, die andere Sterne umkreisen als unsere Sonne. Sie werden auch Exoplaneten genannt. Es gibt sicher noch viel mehr Exoplaneten im Universum. Man muss sie nur finden. Die ersten, die von Forschern beobachtet wurden, waren sehr große Planeten, die eng um ihren Stern kreisten. Aktuell werden immer mehr Planeten in Erdgröße entdeckt.

So stellt sich ein Künstler das Planetensystem vor, das den Roten Zwergstern Gliese-581 innerhalb der Lebenszone umkreist.

Bei diesem Thema fragen sich alle: Könnte es auch auf anderen Planeten Leben geben? Ein Planet sollte für Leben auch eine Atmosphäre haben, die am besten Wasser und Sauerstoff enthalten müsste. Außerdem hilft ein natürlicher Treibhauseffekt: das Speichern von Wärme in der Atmosphäre. Ohne diesen Effekt wäre die

So stellt man sich die Oberfläche des Planeten Proxima Centauri b vor. Drei Sonnen stehen hier am Himmel.

ganze Erde vereist. Ein Magnetfeld wäre auch nicht schlecht, dadurch wird die gefährliche kosmische Strahlung abgeschirmt.

Wichtig zu wissen!

Eine Voraussetzung für Leben, wie wir es von der Erde kennen, ist flüssiges Wasser. Der Planet muss einen bestimmten Abstand zu seinem Stern haben, damit Wasser dort weder verdampft noch einfriert. Diesen Abstand nennt man „Lebenszone". Außerdem braucht die Entwicklung von Leben Milliarden Jahre. Der Stern sollte also recht alt werden. Riesensterne brennen dafür aber zu kurz.

Mit hochauflösenden Teleskopen messen Forscher das Sternenlicht genau in dem Moment, in dem ein ferner Planet vor dem Stern vorbeizieht. Veränderungen in der Lichtfarbe geben nämlich Hinweise auf die Zusammensetzung der Atmosphäre des Planeten. Bei der Suche nach außerirdischem Leben würden sich die Forscher über Wasserstoff, Sauerstoff und Methan freuen. Diese Gase deuten auf Leben hin, wie wir es von der Erde kennen. Aber wer weiß: Vielleicht gibt es dort draußen ganz andere Lebensformen?

Proxima Centauri b ist mit nur 4,24 Lichtjahren Entfernung unser nächster Nachbar.

Profiteleskope

Teleskope brauchen einen möglichst wolkenlosen Himmel und eine geringe „Lichtverschmutzung" durch Stadtlichter. Deshalb finden astronomische Beobachtungen für die Forschung heute meist in einsamen Gegenden statt, zum Beispiel an den beiden großen europäischen Sternwarten in Chile. Nicht alle Forscher müssen deshalb weit reisen, viele bekommen die Ergebnisse ihrer Messungen per E-Mail. In Chile kann nur der Südsternhimmel beobachtet werden. Für den Nordhimmel gibt es große Teleskope auf Hawaii und auf den Kanarischen Inseln.

Radioteleskope des VLA in den USA

Radioteleskope „horchen" in den Weltraum, deshalb können sie auch am Tag und unter einer Wolkendecke messen – sie brauchen allerdings „Ruhe" vor einem Übermaß an Radiowellen von Handys, Radaranlagen oder Radiosendern. Deshalb stehen viele in Wüsten, oft werden sehr viele „Schüsseln" zusammengeschaltet: Das Very Large Array (VLA) im US-Bundesstaat New Mexico besteht aus 27 Einzelteleskopen mit je 25 Meter Durchmesser.

Das im Bau befindliche europäische Extremely Large Telescope (ELT) auf einem Berg in Chile. Mit einem Hauptspiegel von 39 Meter Durchmesser wird es das größte optische Teleskop der Welt sein.

Die größten Sternwarten haben heutzutage oft mehrere Spiegel, die Keck-Sternwarte auf Hawaii hat zum Beispiel zwei Spiegel mit je zehn Meter Durchmesser. Durch das Zusammenschalten mehrerer Spiegel bekommen die Forscher schärfere Bilder. Das europäische Very Large Telescope (VLT) in Chile besteht aus vier Teleskopen mit Hauptspiegeln von jeweils 8,2 Meter Durchmesser.

Erstaunlich!

Die heutigen Großteleskope liegen nicht nur weit weg von Städten, in einsamen Gegenden oder auf Inseln – meist stehen sie auch noch auf einem Berg. Das Keck-Observatorium steht auf dem 4 200 Meter hohen Berg Mauna Kea: Dort droht Technikern und Forschern die Höhenkrankheit. Deshalb liegen ihre Quartiere auf halber Höhe. Auch das VLT auf 2 635 Meter Höhe macht den Forschern zu schaffen.

Das VLT steht auf einem Berg in der Atacamawüste.

Raumsonden und Weltraumteleskope

Die Mondflüge der USA ab den 1960er-Jahren waren eine technische Meisterleistung. Doch um den Weltraum zu erforschen, ist es nicht nötig, Menschen dorthin reisen zu lassen. Im Gegenteil: Es ist wesentlich einfacher, automatische Sonden ins All zu schicken, denn diese brauchen keine Atemluft, kein Wasser und keine Nahrung. Sie benötigen nur Treibstoff und Strom, manche brauchen auch Kühlung.

Wichtig zu wissen!

Zu den elektromagnetischen Wellen gehört auch das sichtbare Licht. Ultraviolett und Röntgenstrahlen können wir dagegen nicht erkennen. Das Gleiche gilt für Infrarot und Radiowellen. Doch alle diese Wellen werden von kosmischen Objekten abgegeben und sagen viel über deren Entstehung aus. Mit speziellen Messinstrumenten gelingt es uns, auch diese Wellen zu „sehen".

Voyager 1 verließ 2012 als erste Raumsonde unser Sonnensystem.

Die russische Raumsonde Luna 16 startete im Herbst 1970 und brachte Mondgestein ganz ohne Astronauten zur Erde zurück. 40 Jahre später nahm die japanische Raumsonde Hayabusa zum ersten Mal Proben auf der Oberfläche eines Asteroiden und brachte diese zur Erde. 2020 brachte die chinesische Raumsonde Chang'e 5 rund 1,7 kg Mondgestein zur Erde.

Künstlerische Darstellung des Röntgenteleskops XMM-Newton der ESA

Das europäische Röntgenteleskop XMM-Newton „sieht" das Weltall im Röntgenlicht. Mit seiner Hilfe können schwarze Löcher sowie ferne Supernova-Explosionen beobachtet werden. Das amerikanische Weltraumteleskop Kepler suchte eine Himmelsregion im Sternbild Schwan (Seite 26) nach Planeten ab. Es entdeckte schon zahlreiche Exoplaneten (Seite 78).

Die beiden amerikanischen Voyager-Sonden wurden 1977 mit dem Ziel Jupiter und Saturn gestartet. Mittlerweile haben sie das Sonnensystem verlassen. Seit 2012 fliegt Voyager 1 durch den „interstellaren Raum" und sendet immer noch regelmäßig Daten zur Erde.

Viele weitere Sonden wurden zur Erkundung der Planeten losgeschickt, und einige sind noch aktiv, wie die Pluto-Sonde New Horizons, die Mars-Sonde ExoMars und die die Jupiter-Sonde Juno.

Die europäische Kometensonde Rosetta: Das Landegerät Philea nähert sich der Oberfläche des Kometen Tschurjumow-Gerassimenko.

Satelliten

Fast 5 000 aktive Satelliten umkreisen die Erde. Das bedeutet, dass du leicht einen findest. Selbst bei mäßigen Lichtverhältnissen fallen die mittelhellen Lichtpunkte auf, die wie ein Flugzeug über den Himmel ziehen, allerdings ohne zu blinken.

GPS-Satellit

Schau genau!

Sogenannte Iridium-Blitze sind selten, aber vielleicht hast du Glück und siehst einen. Sie sind so hell, dass immer wieder Bürger bei Polizei und Feuerwehr anrufen, weil sie meinen, ein Ufo gesehen zu haben. Sie entstehen, wenn das Sonnenlicht von einem Bauteil eines Iridium-Satelliten für wenige Sekunden sehr hell widergespiegelt wird.

Die niedrigsten Satelliten fliegen in einer Höhe ab 200 Kilometern. Die Iridium-Satelliten, die Telefonverbindungen zu jedem Punkt der Erde ermöglichen, kreisen schon 780 Kilometer hoch. Hat das Auto deiner Eltern ein Navi? Das funktioniert mit den Satelliten des Globalen Positionsbestimmungssystems (GPS). Wenn Satelliten 35 800 Kilometer hoch fliegen, umkreisen sie die Erde nur ein Mal pro Tag, sie scheinen deshalb am Himmel stillzustehen. Von solchen Satelliten kommt ein Teil der Fernsehprogramme, „Satellitenschüsseln" zeigen deshalb immer zum selben Punkt am Himmel.

Iridium-Satellit

Autos auf dem Mars

Sechs automatische Autos haben es bisher zum Mars geschafft. Das schwerste heißt Perseverance und landete Anfang 2021 auf dem Roten Planeten. „Percy“ hat erstmals einen kleinen Helikopter dabei, der die Marslandschaft erkundet. Percy hat einen Bohrer an Bord, mit dem er Bodenproben nimmt und verpackt. Eine weitere Mission soll diese aufsammeln.

Ganz schön groß ist das Modell des Mars-Rovers Curiosity rechts im Bild. Der Rover Percy ist ähnlich groß.

Wichtig zu wissen!

Neu beim Marsauto Curiosity war die Methode, mit der es auf dem Mars landete. Es ist zu schwer, um wie seine Vorgänger nur durch Luftsäcke geschützt auf die Marsoberfläche zu fallen. Curiosity wurde deshalb kurz über dem Boden aus einer Landefähre mit einem Seil zur Marsoberfläche hinabgelassen. Percy landete mit derselben Methode.

Der Helikopter von Percy heißt Ingenuity.

Die Marsautos, auch „Rover“ genannt, wurden früher durch Solarzellen mit elektrischem Strom versorgt. Doch der rote Staub des Planeten setzte sich nach und nach auf ihnen ab und die Solarzellen konnten nicht mehr arbeiten. Percy und Curiosity erzeugen ihren Strom deshalb durch Atombatterien.

Raumstation ISS

Erstaunlich!

Die Schlafenszeit richtet sich auf der ISS nach der Universalzeit, das ist in etwa die englische Zeitzone. Dies ist ein Kompromiss, damit die Kontrollzentren in Texas und Moskau beide einen halben Arbeitstag abdecken können.

Die ISS umkreist die Erde in 92 Minuten, und alle 46 Minuten geht die Sonne entweder auf oder unter. Die ISS kannst du beobachten. Sie bewegt sich als heller, gleichmäßig leuchtender Punkt von West nach Ost über den Sternenhimmel. Im Internet kannst du herausfinden, wann sie bei dir zu sehen ist: Unter heavens-above.com findest du zuerst die Längen- und Breitengrade deiner Stadt heraus und lässt dir dann die Überflüge der ISS, der chinesischen Station Tiangong und anderer Raumfahrzeuge anzeigen.

Der deutsche Astronaut Alexander Gerst in der ISS mit einem Seifenblasenexperiment

Ab 1998 bauten die USA, Russland und europäische Raumfahrtnationen diese Raumstation. Kanada, Japan und Brasilien sind auch dabei. Meistens arbeiten auf der ISS drei Astronauten. Den Weltrekord im All-Leben mit 879 Tagen hält der Russe Gennadi Padalka. Sein erster Aufenthalt war auf der russischen Station MIR.

Die ISS fliegt in 350 Kilometer Höhe.

Die Astronautinnen Jessica Meir und Christina Koch ernten Weltraum-Gemüse.

Das Leben in der Schwerelosigkeit ist kompliziert: Zum Schlafen muss man sich anschnallen, auf der Toilette auch. Frisches Essen ist Mangelware. Deshalb wird auch im All Gemüse angebaut.

Es gibt nicht nur Raumfahrtnationen, auch private Firmen entwickeln eigene Raketen und Raumkapseln. Die Firma SpaceX des Milliardärs Elon Musk bringt Astronauten zur ISS und sogar Weltraumtouristen ins All.

Rakete von SpaceX kurz vor dem Start

Weitere Raumfahrtnationen

China ist in Rekordgeschwindigkeit zur Raumfahrtnation aufgestiegen: Im 21. Jahrhundert hat die chinesische Raumfahrtbehörde mehrere erfolgreiche Mondreisen mit jeweils einem Rover durchgeführt. Von der letzten Reise brachte sie Mondgestein zurück. Auch auf dem Mars fährt ein Rover aus China. Im April 2021 startete das erste Modul der Raumstation Tiangong, die bereits bewohnt wird.

Die chinesische Raumstation Tiangong

Die japanische Raumfahrtbehörde JAXA betreibt viele Satelliten. Sie flog auch zum Mond und brachte Material eines Asteroiden zurück zur Erde. Indien flog ebenfalls zum Mond, das Landegerät stürzte jedoch ab. Die Vereinigten Arabischen Emirate haben eine Sonde auf dem Mars, die zum Beispiel Polarlichter entdeckt hat.

Die arabische Mars-Mission wird in Dubai vorgestellt.

Weltraum-Berufe

Kontrollraum des European Space Operations Centre (ESOC) in Darmstadt

Die Antennen eines Wettersatelliten werden am Goddard Space Flight Center der NASA getestet.

Wenn du die schönen Bilder der ISS siehst, denkst du vielleicht: Ich werde Astronautin oder Astronaut! Leider werden unter tausenden, die sich bewerben, nur sehr wenige für diese Ausbildung zugelassen, und nicht alle davon fliegen ins All. Aber keine Bange: Es gibt zahllose interessante Berufe, die mit Raumfahrt zu tun haben! Hersteller von Satelliten oder Raketen brauchen Fachleute, die Maschinenbau oder Luft- und Raumfahrttechnik studiert haben. Und für die Steuerung der Satelliten sollte man auch programmieren können. Wer ferne Welten gerne wissenschaftlich erforschen möchte, studiert am besten Physik an einer Universität, die den Schwerpunkt Astronomie anbietet.

Allein in den USA arbeiten fast eine halbe Million Beschäftigte in der Luft- und Raumfahrtindustrie. Sie forschen und produzieren für die NASA, für Fluggesellschaften und das Militär. Bei dieser Zahl sind die Jobs in der Wissenschaft gar nicht mitgerechnet!

Wichtig zu wissen!

Im Bereich Raumfahrt sind sehr gute Englischkenntnisse Pflicht, weitere Sprachen wie Französisch oder Russisch sind hilfreich. Und es werden nicht nur Fachleute aus technischen Berufen, sondern zum Beispiel auch aus der Medizin, der Biologie und der Psychologie gebraucht.

Planetarien und Volkssternwarten

Viele Städte haben ein Planetarium, und sogar in kleinen Orten gibt es Sternwarten – dort ist die Sicht besser als in Großstädten. Unter www.sternklar.de findest du Planetarien und Sternwarten in deiner Nähe, alphabetisch nach Ortsnamen sortiert. „Volkssternwarte" bedeutet einfach, dass jeder willkommen ist, im Gegensatz zu Forschungssternwarten, zu denen nur Wissenschaftler Zutritt haben.

In einem Planetarium kannst du mitten am Tag einen fantastischen Sternenhimmel sehen: Ein Projektor wirft Bilder der Sterne an eine große Kuppel. Dieser künstliche Sternenhimmel kann schneller vorbeiziehen als in Wirklichkeit und man kann andere Orte oder ein anderes Datum eingeben. So lernt der Zuschauer in kurzer Zeit viel über die Sterne. Die meisten Planetarien bieten Kinderprogramme sowie Vorführungen für Schulklassen.

Mach mit!

Die meisten Volks- oder Vereinssternwarten haben Programme für Kinder und Jugendliche. Die Beobachtung mit dem Fernrohr ist allerdings eher etwas für Jugendliche, denn im Sommer wird es sehr spät dunkel. Und wenn es wolkig ist, war das ganze Wachbleiben umsonst. Außerdem hilft es, wenn man schon weiß, welchen Stern in welchem Sternbild man gerade betrachtet.

Das Planetarium Hamburg in einem ehemaligen Wasserturm

Lasershow im Planetarium Hamburg

Starkenburg-Sternwarte oberhalb von Heppenheim

Erstaunlich!

Wie bekommt ein Kleinplanet oder Asteroid eigentlich seinen Namen? Zunächst hat der Kleinplanet einen vorläufigen Namen, bis seine Umlaufbahn ermittelt ist. Danach darf der Entdecker einen Vorschlag bei der International Astronomical Union (IAU) einreichen. Der deutsche Astrophysiker und Fernsehmoderator Harald Lesch staunte nicht schlecht, als er hörte, dass ein 1997 entdeckter Asteroid jetzt „Haraldlesch" heißt! Der Entdecker an der Starkenburg-Sternwarte hatte seinen Namen vorgeschlagen.

Die meisten Sternwarten in Deutschland werden heute nicht mehr zur Forschung genutzt, sondern arbeiten als Volkssternwarten: Ihre Aufgabe ist es, das Wissen über die Sterne und das Weltall zu vermitteln, und zwar durch verständliche Vorträge, Führungen und Workshops. Astronomische Forschung findet heute in abgelegenen Gegenden in großer Höhe statt (Seite 80). Das bedeutet jedoch nicht, dass in Volkssternwarten nichts mehr entdeckt wird. Gerade bei der Entdeckung von Kleinplaneten oder bei der Beobachtung veränderlicher Sterne leisten Amateure einen wichtigen Beitrag zur Forschung.

Der Ingenieur Rainer Kresken ist Vorsitzender der Amateursternwarte in Heppenheim.

Bevor es losgeht

Das Wichtigste ist, dass du einen geeigneten Platz für deine Beobachtungen findest. Du solltest von dort aus möglichst viel Himmel sehen. Vermeide die Nähe von Straßenlaternen oder Gartenleuchten mit ihrem „Störlicht“. Vollmondnächte sind ebenfalls ungeeignet, weil der Mond dann zu hell strahlt. Gut ist ein abnehmender Mond am Himmel, denn er geht erst spät auf. Ideal ist natürlich Neumond.

Der Große Wagen hilft bei der Orientierung am Himmel.

Außerdem sollte die Nacht klar sein. Selbst wenige Wolken können gerade diejenigen Sterne verdecken, die für deine Orientierung am Himmel wichtig sind. Am besten ist ein freier Blick nach Süden, denn alle Sternbilder haben dort ihren höchsten Stand.

Wenn du die Wohnung verlässt, um Sterne zu beobachten, musst du ein paar Dinge mitnehmen, weil es auch im Sommer nachts kalt werden kann: Eine warme Jacke darf nie fehlen. Im Herbst, Winter oder Frühjahr sind warme Schuhe, Mütze und Handschuhe dringend notwendig, ebenso eine Thermoskanne mit heißem Tee. Ein paar Kekse zum Knabbern bringen neue Energie. Und natürlich solltest du dieses Buch nicht vergessen! Sicher musst du ab und zu im Buch etwas nachschlagen. Dann ist es gut, wenn du eine Taschenlampe dabeihast. Eines gilt außerdem immer: Gehe nie allein zum Sternegucken von zu Hause weg!

Schnell wirst du merken, dass sich die Augen an die Dunkelheit gewöhnen – das nennt man „Nachtsicht". Dabei weiten sich die Pupillen so stark, dass man auch ganz schwach leuchtende Sterne sehen kann. Wenn jetzt allerdings ein Auto vorbeikommt und du in seine Scheinwerfer schaust, ziehen sich die Pupillen blitzschnell wieder zusammen und deine Nachtsicht ist minutenlang weg. Also vermeide den Blick in helles Licht. Das Licht einer Straßenlaterne kann man mit der Hand oder einer Baseballmütze abschirmen.

Für eine erste Orientierung am Himmel reicht es, wenn du aufmerksam mit bloßem Auge beobachtest. Ohne Hilfsmittel kannst du bei guter Sicht immerhin 2,5 Millionen Lichtjahre weit sehen! So weit ist der Andromedanebel von der Erde entfernt (siehe Seite 15). Schwach leuchtende Sterne sind übrigens meist weder klein noch dunkel, sie sind nur sehr weit weg. Viele davon sind heller als unsere Sonne!

Eine sternklare Nacht, ein freier Blick bis zum Horizont und ein Fernglas: Jetzt kann die Sternennacht beginnen!

Wenn du ein Fernglas hast, dann nimm es mit. Es wird dir manche Beobachtung erleichtern. Ein Fernrohr (Teleskop) zu benutzen, ist erst sinnvoll, wenn man sich am Sternenhimmel schon etwas auskennt, sonst weiß man nicht, was man gerade sieht.

Für Anfänger ist ein Linsenteleskop (auch Refraktor genannt) mit 5 bis 6 Zentimeter Öffnung ausreichend. Das gibt es schon in vielen Kaufhäusern. In den letzten Jahren wurden sogenannte Dobson-Teleskope beliebt. Diese Spiegelteleskope (Reflektoren) sind leicht zu handhaben und haben Öffnungen ab 15 Zentimetern.

Wichtig zu wissen!

Um schwache Sterne besser zu sehen, hilft ein normales Fernglas, das es in den meisten Haushalten gibt. Falls du dir ein Fernglas oder Fernrohr zur Sternbeobachtung wünschen oder kaufen willst: Achte darauf, dass die Öffnung möglichst groß ist. Wenn auf dem Fernglas „7 x 50“ steht, bedeutet das: „7-fache Vergrößerung, Öffnung des Objektivs beträgt 50 mm“. Für die Himmelsbeobachtung ist eine große Öffnung wichtiger als die Vergrößerung. Sehr kleine Ferngläser mit 21 mm Öffnung sind ungeeignet.

Schau genau!

Bei vielen astronomischen Fernrohren stehen die Bilder auf dem Kopf. Für deine Beobachtungen am Himmel ist das nicht so störend. Wenn du sie aber für Erdbeobachtungen benutzt, brauchst du zusätzlich einen kleinen Spiegel, der das Fernrohrbild aufrichtet.

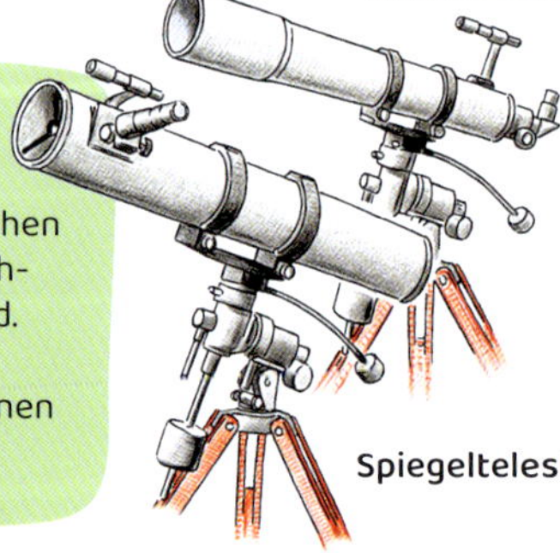

Schau genau!

Alle Zeitangaben in diesem Buch beziehen sich auf die mitteleuropäische Zeit. Astronomen kennen keine Sommerzeit und auch viele Sternkarten geben sie nicht an. Deshalb musst du bei den Zeitangaben im Buch zwischen Ende März und Ende Oktober eine Stunde dazurechnen. Das wird dir nicht schwerfallen – zur angegebenen Zeit ist es meist noch gar nicht dunkel genug für das Sternegucken.

Der Orionnebel M 42

Für die erste Orientierung am Himmel findest du auf den folgenden Seiten zwei Übersichtskarten, eine für den Winter- und eine für den Sommersternhimmel: So siehst du auf einen Blick, wie die Sternbilder, die du aus diesem Buch kennst, am Himmel zueinander stehen. Wenn du die Sternbilder gefunden hast, wirst du auch noch weitere Himmelsobjekte entdecken, zum Beispiel Doppelsterne, Sternhaufen und Nebel. Im Kapitel „Für Wissbegierige" kannst du über diese fernen Welten eine Menge nachlesen. Die abgebildeten Fotos dieser Objekte sind meist Profiaufnahmen.

Doch auch tagsüber oder bei bedecktem Himmel oder Regen kannst du dich mit den Themen Weltall oder Raumfahrt beschäftigen: Bei den Experimenten auf den folgenden Seiten wirst du die Schwerkraft auf den verschiedenen Planeten nachempfinden, Kohlendioxid selbst herstellen oder eine Rakete bauen, die durchs Zimmer saust.

Jetzt wünschen wir dir viel Spaß in der Sternennacht!

Beobachte den Wintersternhimmel!

Das Sternbild Orion (Seite 18) kannst du gut erkennen, es ist den ganzen Winter über zu sehen. Seine Gürtelsterne zeigen auf den hellen Sirius im Großen Hund (Seite 20). Rechts oberhalb von Orion findest du den Stier (Seite 24): Wenn du ihn einmal gesehen hast, vergisst du ihn so schnell nicht wieder, vor allem die schönen Plejaden und Hyaden nicht. Oberhalb des Stiers, Richtung Polarstern, steht die helle Kapella im Fuhrmann (Seite 23). Links davon sind die beiden gleich hellen Zwillingssterne Kastor und Pollux

zu sehen (Seite 22), darunter Prokyon im Kleinen Hund. Die Hauptsterne dieser sechs Sternbilder bilden das „Wintersechseck". Links von dieser Gruppe steht das dunkle Sternbild Krebs, dann kommt der schöne Löwe (Seite 33).

Solltest du das Wintersechseck mithilfe des Orion nicht finden, kannst du auf der linken Seite der Kassiopeia (Seite 14) nach Perseus suchen: einer kleinen, gebogenen Linie aus mehreren gut sichtbaren Sternen (Seite 17). Links neben Perseus steht der Fuhrmann, darunter der Stier: Auch auf diesem Weg findest du die Wintersternbilder.

Beobachte den Sommersternhimmel!

Sterne zu beobachten könnte im Sommer so schön sein, ganz ohne Frieren – wenn es nur früher und länger dunkel wäre! Immerhin gibt es das schöne, gut sichtbare „Sommerdreieck" als Entschädigung, das du den ganzen Sommer über und bis in den Herbst hinein hoch am Himmel sehen kannst – mit den drei Hauptsternen Deneb im Schwan (Seite 26), Wega in der Leier (Seite 27) und Atair im Adler (Seite 28). Das Sommerdreieck kannst du leichter finden als

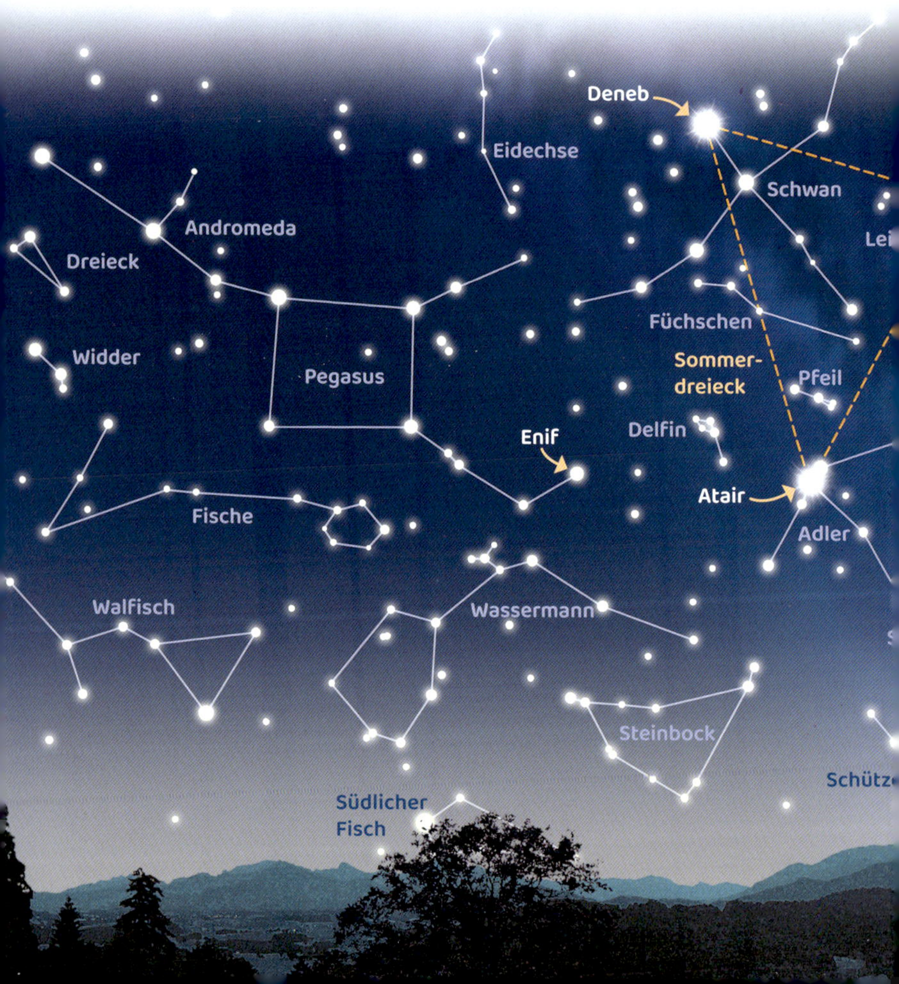

das Wintersechseck, weil es nur aus drei Sternen besteht und kleiner ist. Zwei Sterne des Sommerdreiecks steigen im Sommer sehr hoch, sie können sogar fast genau über dir stehen: Wega und Deneb. Deneb heißt „Schwanz" auf Arabisch, also der Schwanz des Schwans. Der Schwan sieht aus wie ein Kreuz mit sehr langen „Armen", das kopfüber nach unten stürzt, Deneb steht am oberen kurzen Ende. Wega ist ein heller Stern in dem kleinen, rautenförmigen Sternbild Leier. Der Adler befindet sich etwas tiefer als die beiden anderen Sternbilder und hat eine ähnliche Form wie der Schwan, nur ist er kleiner.

Die Mondtäuschung

Wenn der Vollmond abends aufgeht, steht er scheinbar riesengroß am Horizont. Später am Abend, wenn er höher steht, wirkt er kleiner. Verändert der Mond wirklich seine sichtbare Größe? Um diese Frage zu klären, musst du an einem klaren Vollmondabend Richtung Osten schauen, am besten im Herbst oder Winter, wenn der Vollmond früh am Abend aufgeht.

Mach mit!

Du brauchst:
1-Cent- bis 50-Cent-Münzen

So geht's:

- Ist der Mond gerade aufgegangen, streckst du deinen Arm aus und hältst zum Größenvergleich eine Münze neben den Mond: Welche Münze entspricht der Mondgröße am besten? Merke dir diese Münze.
- Warte zwei bis drei Stunden, dann wiederhole den Versuch: „Miss" die Größe des Mondes mithilfe der Münze. Du wirst sehen: Der Mond ist immer gleich groß.

Schau genau!

Die Mondtäuschung ist eine optische Täuschung. Der Mond ist immer gleich groß, egal, ob er über dem Horizont steht oder hoch am Himmel. Der falsche Eindruck entsteht im Gehirn des Betrachters. Wie das geht, weiß man nicht so genau.

Der Mond erscheint am Horizont besonders groß.

Sterne mit eigenen Planeten

Planeten, die andere Sterne umkreisen, können wir als Amateurastronomen leider nicht beobachten. Aber wir können die Sterne beobachten, von denen die Forschung weiß, dass sie Planeten haben – und uns diese fremden Welten vorstellen. Von übergroßen Gasriesen bis zu erdähnlichen Planeten ist alles möglich. Denke also daran, wenn du dein Fernglas auf einen dieser Sterne richtest: Vielleicht sieht gerade zur gleichen Zeit ein fremdes Wesen aus dem All zu dir herunter!

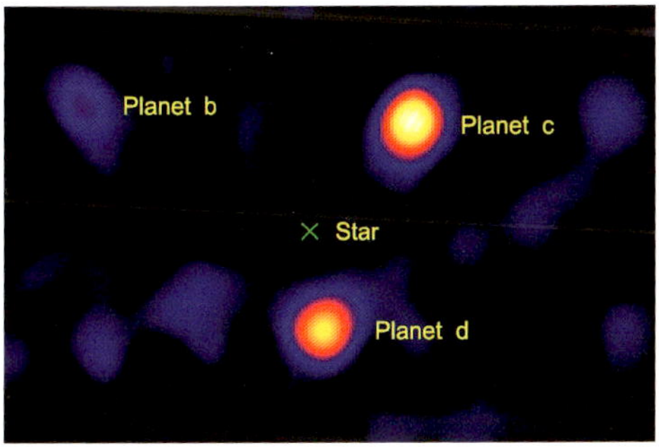

Nur selten gelingt es, fremde Planeten zu fotografieren. Die drei Planeten auf diesem Foto umkreisen den Stern HR8799 (hier als „x" gekennzeichnet).

Pollux, der linke Hauptstern der Zwillinge (Seite 22), ist ein Riesenstern mit dem neunfachen Sonnendurchmesser. Er ist über 33 Lichtjahre von der Erde entfernt. 2006 wurde ein Planet entdeckt, der mehr als doppelt so groß ist wie Jupiter. Er umkreist Pollux im 1,6-fachen Abstand wie der Abstand zwischen Erde und Sonne. Dafür braucht er 590 Tage.

So stellen Forscher sich die Planeten um den Stern HR8799 vor.

Bei Hamal im Widder (Seite 37) und Aldebaran im Stier (Seite 24) gibt es Hinweise, dass mindestens je ein Gasriese sie umkreist.

Die Schwerkraft der Planeten

Nimm einen Gegenstand und lasse ihn los: Er fällt nach unten. Weil alle Körper eine Masse haben, werden sie von der Erdmasse angezogen – das nennt man Schwerkraft. Auf manchen Planeten unseres Sonnensystems ist die Schwerkraft schwächer, auf anderen stärker. Wenn du erfahren willst, wie schwer ein Erd-Kilogramm auf dem jeweiligen Planeten oder dem Erdmond ist, musst du ein Experiment machen.

Mach mit!

Du brauchst:
9 kleine Plastikbeutel, mindestens
9 kg Sand, Küchenwaage (bis 3 kg).

So geht's:

- Schreibe mit einem wasserfesten Stift jeweils einen Namen der neun Himmelskörper auf je eine Tüte.
- Fülle dann die in der Tabelle angegebene Menge Sand ein.
- Hebe die Tüten hoch und vergleiche. Merkst du, wie unterschiedlich schwer ein Erd-Kilogramm auf den verschiedenen Planeten oder dem Mond ist?

Himmelskörper	abzuwiegende Masse
Merkur	377 g
Venus	904 g
Erde	1 kg
Mars	376 g
Jupiter	2,528 kg
Saturn	1,065 kg
Uranus	904 g
Neptun	1,137 kg
Mond	165 g

Auch du hast ein Gewicht, weil unsere Erde dich anzieht. Auf dem Mars wärst du leichter, auf dem Jupiter dagegen viel schwerer. Berechne dein eigenes Gewicht an den verschiedenen Orten im Sonnensystem.

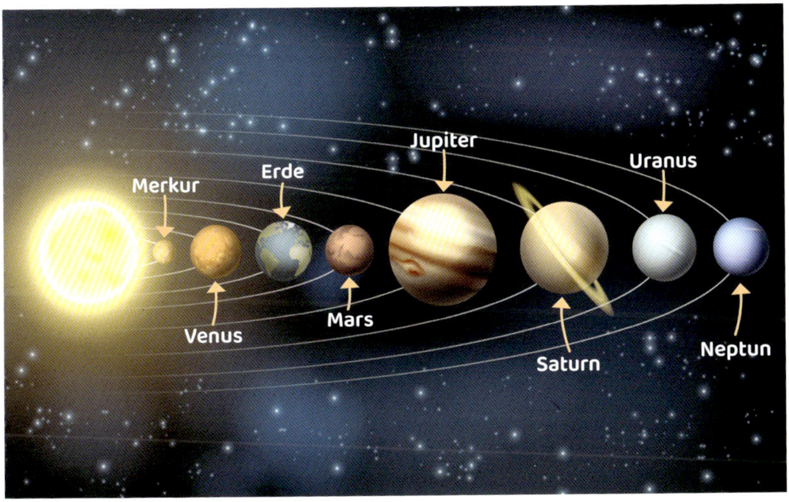

Die Planeten unseres Sonnensystems

Himmels-körper	Fall-beschleu-nigung a	dein Gewicht M
Merkur	3,7	
Venus	8,87	
Erde	g = 9,81	G =
Mars	3,69	
Jupiter	24,79	
Saturn	10,44	
Uranus	8,87	
Neptun	11,15	
Mond	1,62	

Mach mit!

Du brauchst:
Fußwaage, Taschenrechner, Blatt Papier, Stift

So geht's:

- Trage dein Gewicht G in der rechten Spalte bei „Erde" in die Tabelle ein.
- Nimm den Taschenrechner und setze die richtigen Zahlen in folgende Formel ein: $M = G \times a \div g$
  a = Fallbeschleunigung für den jeweiligen Himmelskörper
  g = 9,81, Fallbeschleunigung auf der Erde. Achtung: Nicht mit Abkürzung für „Gramm" verwechseln!
- Wo, glaubst du, bist du leichter, auf dem Jupiter oder auf dem Erdmond?

Antwort: auf dem Erdmond

Ein Lagerfeuer auf dem Mars?

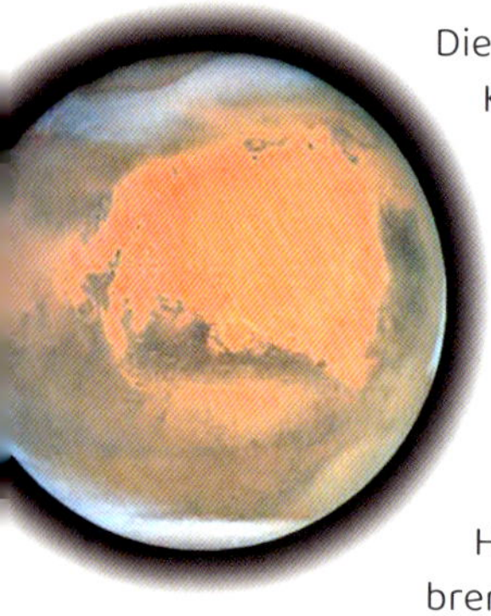

Die Atmosphäre der Venus besteht fast nur aus Kohlendioxid, die Marsluft zu über 95 Prozent. Während die Venusoberfläche kochend heiß ist, herrschen auf dem Mars eher eisige Temperaturen – könnte man dort eine Kerze oder ein Lagerfeuer anzünden?

Um diese Frage zu klären, werden wir die Bedingungen, die auf der Marsoberfläche herrschen, nachstellen. Dazu brauchen wir Kohlendioxid, den Hauptbestandteil der Marsluft. Das Lagerfeuer soll eine brennende Kerze sein. Der Versuch funktioniert am besten, wenn ihr zu zweit seid. Sprich dich mit deinem Freund oder deiner Freundin ab, wer welchen Versuchsteil übernimmt. Lasst euch bei der Kerze auf alle Fälle von einem Erwachsenen helfen. Und dann – auf zum Mars!

Mach mit!

Du brauchst:
Backpulver, Zitronensaft, Teelöffel, kleinen Trichter, saubere Plastikflasche, großen Luftballon, Schälchen oder großes, breites Glas, Teelicht, Streichhölzer oder Feuerzeug

So geht's:

1. Mit dem Trichter füllst du zwei gehäufte Teelöffel Backpulver in die Flasche, danach mindestens genauso viel Zitronensaft.
2. Einer von euch stülpt schnell den Ballon über den Flaschenhals, um das entweichende Kohlendioxid aufzufangen. Der andere hält dabei die Flasche fest. Dann schwenkt ihr die Flasche hin und her. Hört das Gemisch auf zu schäumen, nehmt ihr den Ballon wieder ab und haltet ihn fest zu.
3. Lasst euch nun von einem Erwachsenen das Teelicht anzünden und in das Schälchen oder das Glas setzen. Jetzt haltet den Ballon vorsichtig über das Glas und lasst langsam das Kohlendioxid hineinströmen: Die Kerzenflamme erlischt.

1

2

3

Was passiert? Das Kohlendioxid ist schwerer als Luft und verdrängt die sauerstoffhaltige Luft rings um die Kerze. Ohne Sauerstoff kann keine Verbrennung stattfinden – die Flamme erlischt.

Ist es auf dem Mars auch noch so kalt, ein Feuerchen zum Wärmen kann dort also kein Astronaut anzünden!

Wichtig zu wissen!

Kohlendioxid entsteht auf der Erde massenhaft bei vielen Verbrennungsprozessen. Jede Öl- oder Gasheizung, jedes Kohle- oder Gaskraftwerk und jedes Auto produziert Kohlendioxid und „heizt" damit unser Klima auf: Kohlendioxid ist ein Treibhausgas.

Raketenbau

Alle Raketen arbeiten nach dem Rückstoßprinzip – das gilt auch für unsere Luftballon-Rakete.

Hier eine Auswahl an Materialien für den gesamten Raketenbau

Mach mit!

Du brauchst:
lange, feste Schnur, dicken Strohhalm, großen Luftballon, Klebeband, Wäscheklammer oder Drahtverschluss für Gefrierbeutel, Schere, Toilettenpapierrolle, Alufolie, farbiges Papier

So geht's:

- Fädle zuerst den Strohhalm auf die Schnur auf.
- Spanne die Schnur dann straff durch den Raum. Befestige sie dazu möglichst waagerecht an stabilen Möbelstücken.
- Blase den Luftballon auf und verschließe ihn mit einem Draht oder einer Wäscheklammer. Achtung: Den Luftballon nicht zuknoten!
- Jetzt klebst du den Luftballon mit Klebeband am Strohhalm fest, und zwar mit dem Verschluss entgegen der „Flugrichtung".
- Löse jetzt den Draht oder die Klammer – die „Rakete" rast entlang der Schnur durchs Zimmer.

Es ist nicht schwierig, eine eigene kleine Rakete zu bauen, die schnell durch den Raum flitzen kann. Wie es geht, steht im „Mach mit"-Kasten.

Schau genau!

Experimentiere mit verschiedenen Luftballons, mit großen und kleinen, mit stark oder schwach aufgeblasenen. Welche Rakete fliegt am weitesten? Als Nächstes kannst du die Schnur schräg spannen. Was passiert? Auf dem Weg nach oben muss sie gegen die Schwerkraft kämpfen. Sie wird eine kürzere Strecke fliegen.

Aus einem kreisrunden Stück Pappe wird die Kapsel vorn geformt.

Wichtig zu wissen!

Bei einer echten Rakete werden große Mengen Gas schnell nach hinten ausgestoßen. Dieses Gas entsteht bei der Verbrennung des Treibstoffs. Während die Gasmengen aus dem Triebwerk schießen, wird die Rakete nach vorn beschleunigt – ganz ähnlich wie deine Ballon-Rakete, wenn die Luft nach hinten entweicht. Das nennt man Rückstoßprinzip und funktioniert auch im luftleeren Raum, im All.

Für die Rakete brauchst du die Schere, die Toilettenpapierrolle, Alufolie und farbiges Papier. Aus Papier bastelst du die Kapsel vorn und die Antriebsstrahlen. Die Rolle wird mit Alufolie oder Papier beklebt. Jetzt befestigst du die Rakete unten am Luftballon. So fliegt der Luftballon sogar stabiler. Du kannst die Rakete mit ausgeschnittenen Sternen oder Streifen verzieren.

Die Toilettenpapierrolle wird mit farbigem Papier beklebt.

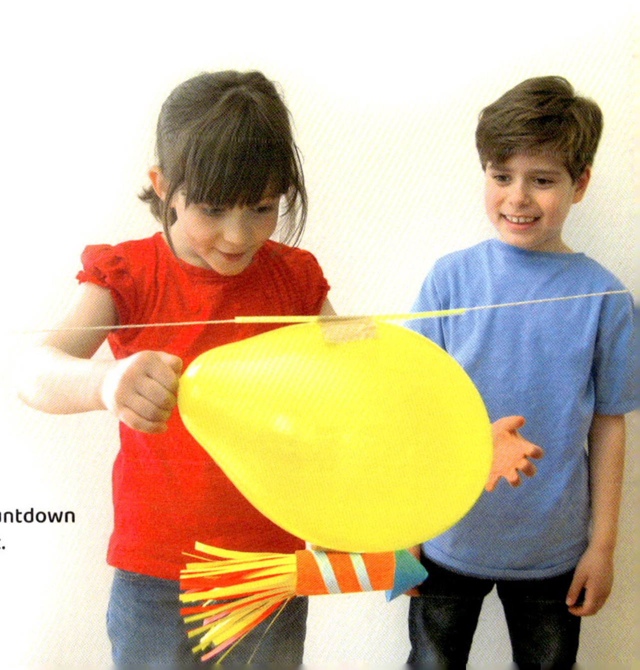

Der Countdown beginnt.

Schnelle Suche mit Stichwörtern

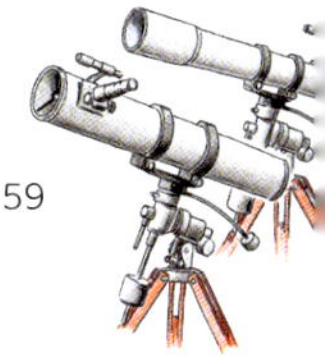

ENTDECKEN. Erkennen. Erleben.

ISBN 978-3-440-17243-8
256 Seiten
Preisänderung vorbehalten

KOSMOS PLUS

Diese Naturführer stellen die wichtigsten Tierarten und Pflanzen vor deiner Haustüre vor. Zusätzlich liefern sie viele nützliche Tipps und Tricks zum Selbermachen, Beobachten und Bestimmen.

ISBN 978-3-440-17242-1

ISBN 978-3-440-17244-5

ISBN 978-3-440-17245-2

ISBN 978-3-440-17246-9

ISBN 978-3-440-17429-6

Je 112 Seiten, je ca. €/D 10,–
Preisänderung vorbehalten

Und noch mehr auf kosmos.de/kindernaturfuehrer entdecken!

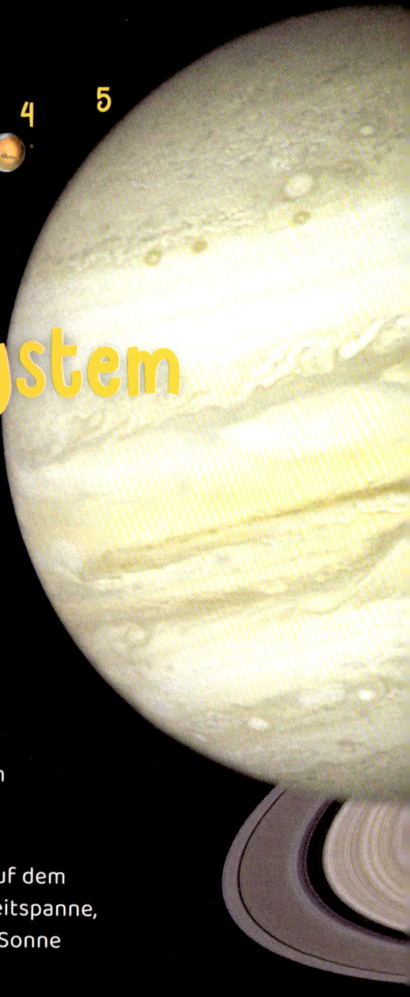

Unser Planetensystem

Auf dieser Seite findest du kurze Informationen zu den Planeten unseres Sonnensystems und zu Sonne und Mond

DIE SYMBOLE ZEIGEN DIR

- den Durchmesser des Planeten
- seine Entfernung zur Sonne
- wie viele Erdentage das Jahr auf dem Planeten hat. Ein Jahr ist die Zeitspanne, die der Planet braucht, um die Sonne zu umrunden.
- die Anzahl der bekannten Monde, die den Planeten umkreisen

1. MERKUR

4.879 km — 57,9 Mio. km

88 Tage = 1 Merkurjahr — 0

2. VENUS

12.104 km — 108,2 Mio. km

225 Tage = 1 Venusjahr — 0